IMPRESSIONS DE VOYAGE

d'un Étranger à Paris

VISITE

A

L'EXPOSITION UNIVERSELLE

DE 1855

PAR M. Henri MOULIN

MORTAIN

Typographie d'Auguste Lebel

1856

IMPRESSIONS DE VOYAGE

d'un Étranger à Paris.

Première Partie

PARIS A VOL D'OISEAU.

Qui n'a revu Paris et ses merveilles; qui n'est venu admirer l'exposition de 1855? Quel changement, et quel changement! Paris est toujours la ville monumentale par excellence; mais des groupes de monuments, naguère isolés, se touchent aujourd'hui et forment cet admirable ensemble qui commence à l'Arc de Triomphe, pour ne finir qu'à l'Hôtel-de-Ville. Aujourd'hui le Louvre et les Tuileries ne font plus qu'un, et le palais Médicis touche au palais de Louis XIV. Deux avant-corps intérieurs dissimulent, à s'y méprendre, le défaut de parallélisme de ces deux monuments, étonnés d'un rapprochement inattendu et, dans la cour intérieure, règnent deux rangs de galeries parallèles, destinées à supporter tout un peuple de statues, toute une nation de grands hommes, empruntés aux siècles les plus féconds et les plus riches de notre histoire nationale.

Qu'est devenue cette place ignoble, servant de station de fiacres, avec ce dédale de rues étroites et ce pâté de maisons qui séparait naguère le Palais-Royal des Tuileries? Lorsque vous sortez du Palais-Cardinal, qu'apercevez-vous? Une grande place avec deux rangs de galeries, et en face de vous, un magnifique pavillon, dominant tout de sa tête carrée : c'est le pavillon de la bibliothèque impériale, lequel efface et le pavillon de Rohan, et le pavillon de Flore, et jusqu'au pavillon de l'Horloge. Seule, la colonnade de Claude de Perrault est toujours belle et sans rivale.

Naguère encore, votre regard ne dépassait pas le Louvre; mais aujourd'hui rien ne l'arrête plus. De l'Hôtel de la Marine, il plonge, à ligne droite et sans obstacles, jusqu'à l'Hôtel-de-Ville : voilà l'immense perspective qu'ouvre à l'œil étonné le prolongement de la rue de Rivoli, cette grande artère, reliant la place de la Concorde au palais de l'Edilité parisienne. Qu'est devenue cette place de Grève, de triste mémoire, avec ses massifs de maisons, avec ses rues tortueuses et étouffées? Aujourd'hui, une place grandiose, qui découvre le monument, remplace ce lieu qui ne rappelait que de lugubres et de tragiques souvenirs. De ce massif, il ne reste plus qu'un seul débris, naguère enfoui et inaperçu, et aujourd'hui détaché comme un monolithe. C'est la vieille tour St-Jacques-la-Boucherie, blanchie et restaurée, avec ses saints et ses anges de pierre, avec ses évêques crossés et mitrés; seule debout sur l'ancienne place de Grève, plus grande, plus fraîche que jamais : vieux témoin du Paris moyen-âge, dont les souvenirs disparaissent chaque jour; échantillon charmant et morceau exquis de cette architecture gothique que trouva le génie de nos pères, et que l'on ne saurait se lasser d'admirer. Ce n'est pas tout, la science a su donner à cette ruine une signification historique, en consacrant un souvenir bien précieux et pour elle et pour nous.

Quel est cet homme et pensif et rêveur, à la tête penchée, à l'attitude méditative, traçant au crayon des notes sur un carnet ? C'est un *savant,* dit avec respect un ouvrier qui passe; il perfectionna le baromètre, ajoute un autre plus instruit. C'est vrai, il inventa même l'instrument simple et populaire, qui vous sert à déblayer la place sur laquelle s'élève sa statue; car ce *savant,* c'est Blaise Pascal, c'est l'homme qui le premier, dans cette vieille tour, mesura la colonne d'air, et par elle la hauteur des montagnes; c'est aussi le sublime et nerveux auteur des ***Pensées*** et des ***Provinciales***; et ce *savant* a bien mérité des hommes, car son nom veut dire : *raison* et *foi;* forte tête de ce grand siècle qui en produisit tant, alliant au sublime élan du génie l'humble simplicité d'un enfant !

En face de Pascal, s'élève cet Hôtel-de-Ville, lequel rappelle toujours tant et tant de souvenirs, depuis l'entrée de Henri IV à Paris jusqu'à nos jours. Cet hôtel est achevé et forme aujourd'hui un carré parfait. Cette place, qui a vu tant de révolutions, et sur la laquelle s'agitaient naguère encore les flots houleux d'une population frémissante, est aujourd'hui bien calme et bien paisible. L'ouvrier endimanché la sillonne, en fredonnant un air joyeux, à côté de l'habit noir qui ne craint point le contact d'une blouse bleue bien blanche. C'est que Paris est heureux, et, malgré les épreuves d'années calamiteuses, l'ouvrier de la bâtisse, comme l'ouvrier du luxe, a du travail et partant du bonheur. Maintenant l'Hôtel-de-Ville ne connaît plus que les fêtes, et vraiment ce palais est fait pour elles : en dehors, c'est la fête du peuple ; au dedans, c'est la fête des souverains, lorsque ses enfilades de salons et son immense galerie de l'est, laquelle rappelle celle de Versailles, étincellent de lumières et de fleurs, à la splendeur des lustres, dont les eaux jaillissantes réfléchissent les mille feux, en rafraîchissant des milliers de danseurs.

De l'Hôtel-de-Ville, en enjambant la Seine, vous entrez dans l'antique Cité, et vous retrouvez le vieux monument de Maurice de Sully et des Croisades : Notre-Dame de Paris. L'on a restauré ses flèches émoussées, ses clochetons écornés, ses colonnettes brisées, ses gargouilles usées, ses myriades de statues corrodées par le temps ; l'on a annexé au monument gothique une sacristie charmante, et Notre-Dame est toujours, au moins à l'extérieur, la plus belle église de Paris ; car l'intérieur est triste et nu. Ses grandes murailles, mal blanchies, ne répondent pas à la majesté de l'édifice.

Aussi, dans les solennités nationales, faut-il la tendre de velours et couvrir ses froides murailles des riches tapisseries des Gobelins.

Le chœur seul est orné de marbre blanc, de magnifiques boiseries et de tableaux de nos plus grands maîtres ; mais cette restauration est plus riche et plus brillante que de bon goût, et peu en harmonie avec le vaisseau gothique. Décidément, il n'y a pour les églises à ogive que deux décorations convenables : les peintures murales et les vitraux coloriés. Voilà ce qui fait une véritable merveille de cette Sainte-Chapelle qui rappelle les plus beaux jours de l'architecture de Saint-Louis, comme les temps les plus héroïques de notre histoire religieuse. La fraîche et élégante chapelle de Pierre de Montreau a retrouvé son célèbre campanille, réflétant de sa cuirasse d'or les rayons du soleil et fendant les airs de sa flèche aigüe et percée à jour. C'est la véritable perle de l'art gothique, dans sa période de triomphe, avec ses lancettes aériennes, ses vitraux flamboyants, ses peintures murales au carmin, à l'outre-mer, au bleu céleste, c'est-à-dire avec tout ce que l'imagination peut rêver et concevoir de plus léger, de plus hardi, de plus élégant, de plus mystique, de plus éminemment chrétien.

De la Sainte-Chapelle, vous gravissez ces anciennes rues du quartier Latin, naguère si étroites et si tortueuses, que vous reconnaissez à peine, tant elles se sont élargies et redressées; et, arrivé sur les hauteurs de la montagne, vous voyez s'ouvrir devant vous une grande et belle place : c'est celle des Ecoles. Décidément Paris n'étouffe plus; il respire. Or, de l'air et de l'eau, n'est-ce pas moitié vie pour une grande ville? Eh bien! voilà ce dont Paris se trouve doté, comme il ne l'avait jamais été jusqu'à ce jour. Des bornes-fontaines sont maintenant échelonnées de rue en rue, et des conduits forment à volonté sous les trottoirs des ruisseaux d'eau limpide.

II

Sur les hauteurs du Quartier-Latin, s'élève toujours le dôme de Soufflot, le plus beau de Paris, après celui des Invalides. Mais aujourd'hui, ce n'est plus un panthéon païen que vous avez devant les yeux ; c'est Ste-Geneviève restaurée, rendue au culte et à sa destination première ; Ste-Geneviève avec tous les ornements du Panthéon, mais sanctifiée par la religion. Il est toujours là ce beau fronton de David d'Angers, perpétuant les gloires de la France et résumant notre histoire en quelques mètres carrés : admirable page de marbre, et un des plus beaux morceaux de sculpture que nous transmettrons un jour à la postérité.

L'on avait dit qu'il était enlevé, ou qu'il devait l'être, et pourquoi, je vous le demande ? Le catholicisme n'est pas iconoclaste, mais éminemment conservateur ; et qui donc, si ce n'est lui, a sauvé tous ces chefs-d'œuvre des arts et du beau antique qui font encore et qui feront toujours les merveilles de l'Italie ? La religion a placé sa croix au-dessus du fronton, et tout a été dit ; et vous admirez toujours ce double groupe de nos gloires militaires et civiles, avec le vainqueur de Marengo, le tambour d'Arcole d'un côté, et de l'autre, Fénélon et Malesherbes. Il en est de même des tombeaux de

Voltaire et de Rousseau ; la prière chrétienne s'élève pour eux comme pour tant de morts inglorieux, dont le Panthéon récèle les cendres obscures. Mais aujourd'hui ce qui vous frappe, c'est que le temple n'est plus vide ; ou plutôt ce n'est plus un temple : c'est une Eglise. Rome et la Grèce eurent, il est vrai, leur panthéon ; mais ces monuments étaient pour l'antiquité des temples, et leurs grands hommes des demi-dieux. Au contraire, pour nous chrétiens, un panthéon est un un non-sens, et quelque chose de vide qui ne dit rien à notre âme et à notre foi. La religion seule pouvait le vivifier par cette prière chrétienne qui veille auprès des tombeaux, et forme pour nous la religion de la mort. Les Génovefains, vêtus comme autrefois de blanc et de bleu céleste, y psalmodient encore la messe capitulaire ; un bel autel, surmonté d'un baldaquin, s'élève sous la coupole peinte par Gros, et, à droite, est portée par des anges et suspendue en l'air, la châsse de la patronne de Paris. Voilà donc ce qui reste de ce panthéon de grands hommes : une jeune bergère de Nanterre ; mais cette simple jeune fille du peuple, par son exaltation patriotique et religieuse, rassura Paris menacé des hordes d'Attila, et comme Jeanne d'Arc ou Jeanne Hachette, elle sauva son pays.

De Sainte-Geneviève, en longeant la Seine au midi, vous arrivez sans changement notable, à Ste-Clotilde, la plus belle Eglise moderne de Paris, car Paris compte beaucoup de nouvelles Eglises, et cependant il en manque encore. Il s'est tellement étendu, la vie s'y est tellement déplacée, qu'il a bien fallu et qu'il faudra encore élever de nouveaux temples pour de nouveaux quartiers, pour une population nouvelle. Autrefois Paris était presque tout entier sur la rive gauche de la Seine, et ses monuments religieux s'y trouvaient concentrés : Saint-Severin, Notre-Dame, la Ste-Chapelle, Ste-Geneviève, St-Etienne-du-Mont, St-Sulpice, le Val-de-Grâce, la Sorbonne,... et tant d'autres Eglises qui ont disparu. Mais la rive droite a terriblement distancé la rive gauche, depuis que Paris a enjambé la Seine, pour s'étendre au nord. Le boulevard, c'est-à-dire la circonférence du cercle, est devenu un centre, et avec ces gares de chemins de fer, qui déplacent la vie des grandes villes et la portent du cœur aux extrémités, Paris a dépassé ses premières limites, jusqu'à ce qu'il n'en ait plus d'autres que l'enceinte continue de ses fortifications. Ce que nous avions vu à l'état de campagne, il y a quelques années, a fait place à des rues magnifiques, à de larges boulevards, à des gares de chemin de fer, comme cet ancien Pré aux Clercs du faubourg Saint-Germain :

Aurea nunc, olim silvestribus horrida dumis.

Cette expansion de Paris sur l'autre rive de la Seine a provoqué la construction de plusieurs grands édifices religieux : Notre-Dame-de-Lorette, la Madeleine, Saint-Vincent-de-Paul,... et cependant la rive droite est bien loin d'avoir son contingent d'églises, et, qui le croirait, la Chaussée d'Antin notamment n'a encore qu'une chapelle. C'est le développement de Paris à l'ouest, dans la direction des Invalides, qui a déterminé la construction de Ste-Clotilde, église dans le style ogival le plus pur, laquelle a prouvé une fois de plus que cette forme d'architecture moyen-âge était seule vraiment chrétienne. La Madeleine, si belle à l'extérieur, et l'on sait pourquoi, n'est plus à l'intérieur une église malgré sa belle et splendide coupole; Notre-dame-de-Lorette n'est qu'un boudoir, et St-Vincent-de-Paul, malgré sa haute situation, sa belle façade, ses tours carrées, et cet admirable système de rampes entrelacées qui donnent tant de majesté au monument, manque encore à l'intérieur d'élévation et de ce qui constitue l'église, telle que l'architecture gothique nous a habitués à la concevoir. Décidément il faut à l'église chrétienne ou le dôme ou la voûte, c'est-à-dire le ciel, avec des flèches à jour, des forêts de clochetons, des campanilles aériens, et au dedans, la lancette aiguë, les peintures murales, les vitraux coloriés au jour mystérieux, en un mot, tout ce qui constitue le beau idéal de l'art gothique. Or, telle est, ou plutôt telle sera Sainte-Clotilde : morceau achevé d'architecture flamboyante, emprunté au plus beau siècle de notre histoire. Ste-Clotilde a des flèches à jour d'un grand effet, et elle aura un magnifique carillon et un jeu de cloches que l'on a pu admirer à l'Exposition universelle.

Des cloches, voilà encore ce qui manque aux églises de Paris. Il n'y a que la forme gothique, avec ses flèches, ses tours ou ses clochers, qui les comporte. Le dôme, le temple ne les admet pas. Or, sans cloches, une église n'est pas complète. A Paris, elle en a plus besoin que jamais pour dominer le bruit de cette marée houleuse qui s'élève de la grande ville et pour faire entendre au milieu de ces fracas de toute nature, une voix supérieure qui domine tous ces bruissements et qui soit la voix du ciel dans les airs.

Les cloches expriment tous les sentiments de la terre. Elles nous disent qu'un de nos frères n'est plus et nous reportent à la pensée salutaire de la mort et de l'autre vie, comme elles solennisent le dimanche par leur carillon joyeux, et nous arrachent aux distractions, au tourbillon de la vie frivole, pour élever notre âme à de plus hautes idées et nous rappeler au séjour de la prière.

III

Ce que vous trouvez de plus frappant à l'ouest de Ste-Clotilde, c'est l'église, et surtout le dôme, des Invalides : voilà encore une de ces merveilles que nous a léguées le siècle de Louis XIV. L'on sait qu'elle se compose de deux parties bien distinctes par leur destination, comme par leur accès : de la grande nef, avec sa chaire, son autel en marbre blanc et ses deux rangs de drapeaux conquis sur l'ennemi, et du dôme, qui en est le couronnement, de ce dôme doré, élevé dans les airs par le génie de Mansard, peint par les frères Boulogne, Coypel, La Fosse et Jouvenet, et planant au-dessus des six coupoles ou chapelles latérales qui l'entourent et le complètent. Or, c'est là, sous ce *duomo* célèbre, que l'on a placé le tombeau de l'Empereur.

C'était une question d'art bien délicate que celle de l'emplacement et de la construction du tombeau de Napoléon, et l'on sait que bien des projets avaient été proposés. Les uns plaçaient les cendres du grand homme sous la colonne Vendôme, et d'autres les transféraient à Saint-Denis, dans ces caveaux aujourd'hui vides des générations de rois qu'ils ont contenues, à côté de François Ier et de Louis XII. Mais l'une, comme l'autre idée, ne correspondait, ni aux intentions testamentaires du captif de Sainte-Hélène, ni au recueillement que demande le culte des morts. La vraie place du tombeau était là, aux Invalides, et il n'y en avait pas d'autre. Napoléon y reposait sur les bords de la Seine, au milieu des Invalides de la gloire, sous le dôme élevé par Louis-le-Grand.

Mais le principe posé, l'exécution n'en était pas moins délicate. En effet, Napoléon n'est pour nous ni un demi-dieu de l'antiquité, ni un Mahomet moderne. C'est, il est vrai, le plus grand homme de notre temps, et peut-être des temps anciens; mais après tout c'est un chrétien, mort comme tel dans la religion de ses pères et de sa naissance. Ses cendres, quelque nobles qu'elles fussent, devaient donc reposer en terre, comme celles de Charlemagne ou de Guillaume, au pied de cet autel du sacrifice qu'il avait fait adosser lui-même au chevet de son lit de mort. Il fallait que le monument, élevé à sa mémoire, dît à la postérité deux choses : l'une, c'est qu'un chrétien reposait là ; et l'autre, c'est que ce chrétien avait été le plus grand de ses contemporains. Or, c'est cette double pensée qu'exprime et que reflète le monument élevé par M. Visconti.

Contre l'ancien autel des Invalides, l'architecte a adossé un autel funéraire, en marbre noir de l'Isère et des Alpes, avec un escalier de marbre blanc de Carrare, un hémicycle de marbre vert antique et quatre colonnes torses de marbre noir, veiné de brun, d'un seul bloc et du plus grand effet, lesquelles soutiennent un magnifique baldaquin en bronze doré. Du pied de l'autel, descendent deux larges escaliers en marbre blanc, de dix-sept marches, construits en hémicycle, lesquels conduisent à la crypte, et deux tombeaux en marbre noir en gardent l'accès : ce sont ceux de Duroc et de Bertrand. Entre ces deux tombes, s'élève la porte d'airain qui ferme l'entrée du tombeau, avec deux cariatides de bronze florentin, symbolisant les grandeurs humaines, et de là vingt-cinq degrés de marbre blanc massif conduisent à la crypte même. Elle s'ouvre circulaire, ornée de douze bas-reliefs, reproduisant les plus mémorables évènements du règne de Napoléon, et entourée de douze statues géantes, en marbre blanc, sculptées par Pradier (ce sont ses dernières œuvres), le bras étendu et la main tenant une couronne qu'elles dirigent vers le sarcophage. Ce sarcophage du porphyre le plus dur de Finlande, est rouge sablé d'or, et ce magnifique mausolée a pour ciel le dôme sublime de Mansard, s'élançant dans les airs à deux cents pieds au-dessus du parvis. C'est là que doivent reposer les cendres de l'Empereur, entre Turenne et Vauban, entre ces deux admirables tombeaux, dont l'un a été sculpté par Etex, et l'autre, bien supérieur, sur les dessins de Le Brun.

Aujourd'hui le caveau est ouvert, à jour, et tout autour règne une balustrade circulaire en marbre blanc, d'où l'œil plonge dans la crypte et peut admirer et la perfection de l'art et la richesse de la matière; mais rien n'est encore terminé. Le caveau restera-t-il ainsi ouvert à tous les regards, ou bien sera-t-il fermé d'un couvercle? voilà ce que l'on ignore. Mais ce que l'on ne saurait concevoir, c'est que ce tombeau restât ainsi au grand jour. Sans doute Napoléon est bien sous le dôme de Louis-le-Grand; mais je ne dois m'en approcher qu'avec recueillement, qu'au demi-jour de la tombe, et qu'à la lueur mystérieuse des lampes funéraires. Ce n'est qu'avec saisissement que je dois contempler ces glorieuses reliques et non de haut en bas, à l'œil nu et sans pensée religieuse.

En attendant, une des six coupoles du dôme, la chapelle Saint-Jérôme, a été transformée en chapelle ardente, et là, sous la garde des Invalides, derrière une grille de bronze, reposent, à la lueur des lampes funéraires, les cendres apportées de Sainte-Hélène, avec le grand cordon de la légion-d'honneur, l'épée offerte à Napoléon par la ville de Paris, le grand collier qui servit au sacre et les soixante-cinq drapeaux conservés par M. de Semonville. Il est difficile d'approcher, sans une émotion profonde, de ces simples et touchantes reliques, lesquelles en rappelant ce que la France a produit peut-être de plus grand, racontent en même temps, dans leur éloquent silence, le néant des grandeurs humaines, et semblent répéter le mot fameux de Massillon, prononcé sur les restes d'un autre grand homme et du fondateur de ce magnifique monument : *Dieu seul est grand.*

Aujourd'hui le dôme des Invalides est réellement complet, et l'on sent qu'avant, il lui manquait quelque chose. Napoléon ne devait être que là; mais en même temps, lui seul pouvait y être.

IV

De l'Hôtel des Invalides, les Champs-Elysées vous conduisent directement à l'Arc-de-Triomphe, et de là au bois de Boulogne. Voilà encore une nouvelle merveille, créée comme par enchantement : *passe encor de bâtir, mais planter....* et planter des arbres tout venus : voilà un grand tour de force, et tout cela s'est fait en quelques mois, grâce à une machine qui vous prend l'arbre avec sa motte, le transporte où vous voulez, le dépose dans une fosse à ce préparée, et l'y transplante assujéti par des fils de fer. Voilà comment, grâce à l'industrie, l'on improvise un paysage et un bois tout venus. Naguère encore le bois de Boulogne n'était qu'un simple taillis, entrecoupé de hautes futaies, dans lequel on allait faire des promenades à âne, se couper la gorge ou déjeûner à la porte Maillot. Aujourd'hui c'est un bois paysagé, avec un dédale d'allées sinueuses, des ronds-points, des échappées de vue magnifiques, de vertes pelouses et de l'eau ; avec des lacs, de véritables lacs, des chûtes d'eau, de vraies chûtes d'eau, des îles, des chalets, de petits embarcadères et des canots destinés aux promeneurs.

Eh bien ! tout cela n'est rien encore. Ces lacs seront empoissonnés et animés, dit-on, comme le lac d'Enghien, par des bandes de cygnes au plumage de neige et au col si gracieux. Le bois de Boulogne doit avoir sa vacherie, sa ferme, son parc d'animaux sauvages, sa basse-cour d'animaux domestiques; en un mot, il doit devenir un Trianon avec des dimensions grandioses. Pour l'admirer, il faut ou s'y égarer le matin en touriste solitaire, y respirer l'air frais et jouir de ses admirables perspectives, de la vue de Saint-Cloud et du Mont-Valérien; ou bien s'y lancer le soir ou le dimanche, quand les riches équipages le sillonnent en tous sens et que des flots de la population parisienne lui donnent un air de fête. Ce pauvre jardin des Tuileries, aujourd'hui bien sec et bien poudreux, a été d'abord abandonné pour les Champs-Elysées plus frais et plus spacieux; et ne voilà-t-il pas qu'ils deviennent petits et poudreux eux-mêmes, avec l'extension que prennent toutes choses, et les voilà eux-mêmes sacrifiés pour une promenade et plus fraîche et plus spacieuse. Décidément, il n'y a plus d'air, de gazon, de verdure et d'espace qu'au bois de Boulogne; l'on ne respire plus bien que là : et le bois de Boulogne est devenu le véritable jardin de Paris.

V

L'on ne saurait revoir la capitale, sans rendre visite à ses musées; et l'on ne peut leur faire visite, sans y trouver quelque chose de nouveau. Le musée du Louvre, toujours si riche, a notamment subi, depuis quelques années, de remarquables changements : un ordre nouveau a présidé avec bonheur au classement des tableaux, aujourd'hui divisés par écoles; et le Louvre s'est en outre enrichi d'un nouveau musée, du musée des Souverains. Un grand salon carré, par lequel on entre en sortant de la galerie d'Apollon, résume d'abord les chefs-d'œuvre des grands maîtres, et rassemble, dans un étroit espace, les plus beaux échantillons de toutes les écoles, et puis la grande galerie s'ouvre devant vous et vous développe, avec ordre et par écoles, ce que l'Italie, la Hollande, l'Allemagne, la France ont produit de siècle en siècle. Un grand salon carré a été consacré aux belles œuvres de nos peintres modernes, aux toiles de David, de Gérard, de Géricault, de Prudhon.... et enfin une enfilade de salons forme encore un musée spécial des peintres français anciens et modernes. Ces toiles, chacun les a vues et chacun les connaît; mais avant de faire sa visite au palais des Beaux-Arts, il n'est pas sans intérêt d'aller se retremper à bonne école et de chercher là, chez nos grands maîtres, les architypes incontestés et incontestables du beau. Il y a des siècles qui semblent destinés à rayonner sur les autres, à leur servir de phares et de régulateurs; or, les œuvres de ces grands siècles, il ne faut jamais les perdre de vue; mais au contraire juger tout le reste comme à leur reflet. Ce n'est pas qu'il leur ait été donné de tout faire et d'enrayer le génie humain dans son vol; mais il leur a été permis de s'élever à des types incontestables de beauté, vers lesquels il faut souvent reporter ses regards, pour raffermir son goût; il leur a été donné de faire école, et partant de s'appeler *classiques,* car ce mot ne veut pas dire autre chose. Sans doute l'artiste n'est pas fait pour le plagiat, et à Dieu ne plaise; mais il y a en tout des principes desquels il n'est jamais permis de se départir. Or, ce sont ces principes que les grands maîtres ont formulés avec une puissance de vie et d'expression telle que leurs œuvres sont devenues le véritable *criterium* de l'art. Pour juger sainement la peinture moderne, il faut donc voir d'abord, et puis revoir ensuite, les œuvres classiques de nos maîtres; il faut les comparer souvent, et les avoir toujours comme présentes à la pensée; et, plus le goût semble incertain, mobile et capricieux; et plus il est nécessaire, dans les arts comme dans les lettres, de se retremper aux sources pures et primitives du beau.

Ce que le Louvre contient de vraiment nouveau aujourd'hui, c'est le musée des Souverains : collection remarquable des objets les plus précieux ayant appartenu aux têtes couronnées, depuis Charlemagne jusqu'à nos jours; objets naguère épars, et aujourd'hui rassemblés dans quelques salles et classés par siècles et par règnes. Voilà le sceptre et la main de justice de Charlemagne; voilà les livres d'heures de Saint-Louis; les armures de François Ier, de Henri II, de Henri III, de Henri IV et de Louis XIII; voilà la célèbre chapelle du Saint-Esprit avec les splendides costumes des chevaliers de l'ordre; voilà les manteaux du sacre de nos rois. Mais au milieu de toutes ces reliques royales, celles qui produisent incontestablement le plus d'effet, sont quelques souvenirs du Consulat et de l'Empire; je ne dirai pas les habits galonnés d'or ni même le splendide et riche manteau du sacre; mais ce qui touche le plus, et ce que l'on ne saurait voir sans un sentiment d'émotion profonde et de saisissement intime, c'est ce simple lit de bivouac sur lequel le grand homme reposait la tête qui conçut Marengo et Austerlitz; c'est son simple chapeau, sa simple redingote grise que les vers n'ont pas respectée, et cette petite table de sapin sur laquelle sa main nerveuse traçait les bulletins de la grande armée. Quels souvenirs, et quelles simples reliques pour les exprimer!

Ce n'est pas sans intérêt que l'on revoit encore ce musée de statues qui occupe le rez-de-chaussée du Louvre et qui, quoique moins recherché et parcouru au pas de course, n'en contient pas moins des modèles d'art et de précieux objets d'étude. Le musée des Statues est divisé par salles consacrées, les unes aux antiques, les autres à la sculpture moyen-âge et à nos sculpteurs modernes. Il y a là, dans la salle des antiques, au milieu de vases, de vasques, de baignoires remarquables, de siéges de Porphyre, une foule de Vénus, de Bacchus, d'Apollon, de Minerve, D'Antinoüs, et de faunes dansant avec une grâce parfaite, des prisonniers barbares reproduisant les types des hommes du nord; des lutteurs, des gladiateurs célèbres, un pêcheur africain en marbre de diverses couleurs. Mais ce que ce musée contient de plus remarquable, c'est sans contredit cette belle Vénus de Milo, s'élevant seule sur son piédestal, au bout de la galerie, au milieu du salon carré : morceau de sculpture grecque dont on ignore et l'auteur et la date, mais qui appartient incontestablement à un grand siècle et à un grand maître. Sous quelque point de vue que l'on envisage et que l'on contemple cette statue, l'on ne saurait trop admirer ses formes si pures, cette tête si mâle, ces narines qui respirent, ce port si noble, cette pose si grâcieuse, ce col si bien attaché et, en un mot, cette perfection exquise de formes qui vous donne une si haute idée de la femme grecque, de la nature antique et de l'art qui sut si heureusement la reproduire et l'exprimer.

Il fallait que les artistes grecs eussent sous les yeux de bien beaux modèles, pour inspirer leur génie et leur faire concevoir, sans études anatomiques, une pareille perfection de formes. Voilà pourquoi il sera toujours nécessaire de recourir dans les arts à l'étude de l'antique; c'est que la Grèce a possédé des types que nous ne retrouverons peut-être jamais; de sorte qu'étudier la statuaire grecque, c'est étudier la nature elle-même dans un idéal de beauté qui a péri pour nous; et, si les temps modernes sont si pauvres en sculpteurs, il faut bien le dire, c'est qu'ils manquent surtout de modèles pour les inspirer. Avec tous les raffinements de la civilisation, avec tous les progrès de la toilette et les agitations d'une vie fébrile qui a perdu son égalité et sa sérénité premières, où trouver de nos jours des Vénus de Milo, avec cette beauté calme et pure, cette ampleur de formes et cette richesse de taille?

L'on reproche à la peinture classique de copier l'antiquité, au lieu de chercher ses modèles dans la nature; mais que voulez-vous donc qu'elle fasse, quand la nature s'étiole et se désavoue elle-même? Elle cherche non pas ce qui est, mais ce qui doit ou ce qui devrait être. Boucher et Natoire ont eu la prétention de peindre la nature, si l'on appelle ainsi les bergers de Florian, les corsets-étuis et les paniers de Louis XV; ils ont peint la nature d'un siècle qui la foulait aux pieds; et ils ont produit des peintures mignardes et maniérées, comme le siècle efféminé qui posait devant eux. Mais quand des artistes, mieux inspirés, ont voulu relever l'art et retrouver la nature dans son essence et dans sa vérité, ils ont fait ce qu'avait fait bien avant eux Raphaël: ils ont étudié l'antique, ils lui ont demandé leurs inspirations et, alors nous avons vu David avec *les Sabines* et *le Serment des Horaces;* nous avons admiré Guérin, Girodet, Gros.... et tous ces peintres du XIXe siècle, qui ont eu l'honneur de relever la peinture française, de retrouver les bonnes et saines traditions et d'imprimer à l'Europe l'impulsion qu'elle suit encore aujourd'hui.

La statuaire romaine est bien loin de la statuaire

grecque, mais ce qu'elle offre de bien précieux pour nous, c'est un vif intérêt historique. En effet, à côté de la louve célèbre allaitant Romulus et Rémus, des Marsyas suspendus à un arbre, des Dianes à la biche, des Silènes, des enfants à l'oie, elle présente une série de bustes qui sont pour nous autant de portraits de ces personnages romains qui posèrent devant nous, lorsque nous étions sur les bancs de l'école. N'est-ce donc pas un véritable plaisir que de retrouver ces types reproduits en marbre et en bronze, et que de demander à l'expression de leur physionomie, le reflet d'un caractère connu. Tous ces personnages ne sont plus en quelque sorte des abstractions; mais des réalités que l'imagination anime, auxquelles elle rend le mouvement et la vie. Vous faites en quelque sorte, dans la galerie des antiques, une promenade à travers l'histoire; vous évoquez les ombres de ceux qui ne sont plus; vous étudiez *de visu* des figures que vous ne connaissiez que par l'histoire, et que vous n'aviez vues que dans les livres.

Voici les bustes de quelques philosophes grecs : voici Epicure, Démosthènes, Posidonius... Le chef de l'école Epicurienne n'est pas ce que l'on croit généralement ; il a un type élevé, une figure froide et ascétique, comme sa philosophie mieux appréciée. Sous son simple et modeste manteau, le premier orateur d'Athènes est maigre et décharné; il se voûte visiblement et semble s'affaisser sous le poids du travail qui donnait à ses discours une odeur d'huile. Il est représenté travaillant une harangue ou prêt à monter à la tribune; il serait tout autre la prononçant sur la place publique, avec cette puissance de déclamation qui le transfigurait.

Posidonius a bien cette figure parcheminée du Stoïcien, miné par la souffrance et la dominant par la force de son âme; c'est bien le philosophe que visita Pompée et dont on connaît les paroles célèbres : *ô douleur, tu auras beau faire, je n'avouerai jamais que tu sois un mal!*

Ici, s'ouvre la galerie des Césars. Voici Auguste avec cette figure calme et majestueuse qui respire la clémence. Il semble prononcer ce vers de notre grand Corneille :

> Je suis maître de moi, comme de l'univers.

Ou bien cet autre :

> Soyons amis, Cinna, c'est moi qui t'en convie.

Mais tout près du clément Auguste, se cache Tibère, au regard faux, aux lèvres minces et pincées, avec cet air de dissimulation que l'histoire lui a reconnu; puis Claude aux yeux noyés, aux regards hébétés, aux grandes lèvres, aux grandes oreilles : le stupide Claude. Voici Néron aux différents âges de la vie : jeune, adolescent, quand un léger duvet ombrage à peine ses joues; rien ne trahit encore son caractère et ne révèle le futur Néron; toutefois son front est bas et déprimé, ses lèvres sont minces, et il y a déjà sur sa figure je ne sais quelle expression de sensualisme. Or, on le sait, c'est la volupté, qui, avec le vertige de l'autorité absolue, fera de l'élève de Sénèque et de Burrhus, l'empoisonneur de Britannicus, le barbare meurtrier de sa mère, l'incendiaire de Rome, le bourreau des chrétiens et l'assassin de ses précepteurs. A mesure qu'il avance en âge, ses yeux se creusent, ses lèvres deviennent de plus en plus pincées, jusqu'à ce que sa bouche arquée ne respire plus que la férocité. A côté de Néron, voici Messaline, pâle, efféminée, les traits encore fatigués par ces nuits d'orgie si vigoureusement peintes par Juvénal. Mais tout près, par un contraste étrange, j'aperçois Germanicus. Quel air ouvert, quelle bonne et douce figure! Mais le ciel l'enviera à la terre.

Ostendent terris hunc tantum fata, neque ultrà
Esse sinent: ....
..................Manibus date lilia plenis :
Purpureos spargam flores.........

Voici Commode au regard stupide, aux yeux largement ouverts; Vitellius, gras et bouffi, aux grosses lèvres, au triple menton : c'est le gourmand célèbre du Bas-Empire; voici Othon avec sa taille de géant. Mais de toutes ces figures, voici encore la plus féroce. Voyez-vous cette tête carrée, au front déprimé, aux rides verticales, aux cheveux crépus, aux yeux caves, enfoncés dans leur orbite, au col court, au nez épaté, à la bouche arquée.... Or, ce monstre, dont vous pouvez étudier plusieurs échantillons, c'est Caracalla. Non loin de lui est son estimable frère, qui a bien aussi un air de famille: Géta. Voilà les deux honorables souverains que, dans leur servilisme, les jurisconsultes de Rome eux-mêmes appellent dans le digeste : *divi fratres*. Quels dieux, bon Dieu !

Bien loin de tous ces monstres, allons reposer nos regards sur de plus douces figures. Voici le vieux Pertinax et l'austère Nerva, voici Galba et Trajan, Marc-Aurèle au front élevé et majestueux, Antonin avec sa figure ascétique, Titus avec cet air de bonté douce et calme que nous peint l'histoire. Ils ont tous la figure de leur caractère, et ce sont bien les personnages que nous connaissons, qui posent aujourd'hui devant nous.

Le Louvre contient encore deux autres musées de statues, l'un consacré à la statuaire de la renaissance et l'autre à la sculpture moderne. Le premier musée contient les œuvres de Germain Pilon, de Jean Cousin, de Jean Goujon, de Francheville, de Paul Ponce, de Michel-Ange, de Luca della Robbia.... et on peut voir là les premiers essais de la sculpture en France, lesquels furent des coups de maître. C'est là que l'on admire encore *la Diane à la Biche*, des ébauches de Michel-Ange, qui sont des chefs-d'œuvre, et cette célèbre *nymphe* de *Fontainebleau*, fondue en bronze par Benvenuto-Cellini, au milieu d'un groupe d'animaux sauvages qui semblent vivants.

Le second musée est consacré spécialement aux œuvres de Coysevox, de Pierre Puget, de Coustou, de Bouchardon, de Canova.... C'est là que l'on admire en marbre blanc le vœu de Louis XIII reproduit en peinture par M. Ingres, *le célèbre **Milon** de **Crotone**, le groupe de **Persée** et **d'Andromède**, la **Psyché**, la nymphe **Amalthée**, la **Vénus** au bain, le berger **Forbas**, la nymphe **Salmacis*** du baron Bosio, *l'**Amour** et **Psyché*** de Canova.... mais en traversant ces salles et en suivant le cours des siècles, il est facile de voir que la statuaire, loin de grandir, s'étiole, et que nous sommes loin de la sculpture, je ne dirai pas de la renaissance, mais du règne de Louis XIV lui-même. *L'**Amour** et **Psyché*** de Canova, malgré toute leur grâce, sentent bien déjà avec leur *morbidezza*, l'afféterie de la statuaire; et quelques statues du baron Bosio sont peut-être ce qui conserve le mieux de nos jours le calme, la pureté, la sérénité de la statuaire antique.

VI

L'on sait que la reine d'Angleterre a visité Paris pendant l'Exposition universelle : ce qui ne s'était pas vu depuis plusieurs siècles , et ce qui peut-être n'avait jamais eu lieu avec autant de pompe et d'enthousiasme. Il faut avoir vu Paris un jour de fête, pour se rendre compte de la rapidité électrique avec laquelle tout s'y improvise : les maisons se pavoisent, les trophées s'élèvent, les arcs de triomphe se dressent, et la population endimanchée se répand partout avec un air d'allégresse. Or, voilà ce qu'il nous a été donné d'admirer pendant huit jours, et il est difficile de se faire une idée de l'affluence d'étrangers qui inonda alors Paris. C'était par la gare de Strasbourg, que la reine devait faire son entrée , entre deux haies de gardes nationaux et de troupes échelonnées jusqu'à St-Cloud. Quel spectacle ne devait pas s'offrir à ses regards ! Quelle série de merveilles ! Les boulevards, la Madeleine, l'Hôtel de la Marine, la place de la Concorde, les Tuileries, le Palais du Corps-Législatif, les Champs-Elysées, l'Arc-de-Triomphe.... Mais la reine, retardée de quelques heures par une marée qui n'est pas aux ordres, même des souverains de la Grande Bretagne, ne put voir, à cause de l'obscurité, toutes les merveilles devant lesquelles devait défiler son cortége, et ce fut seulement les jours suivants qu'elle put les contempler à son aise; mais un soleil d'Orient lui en donna tout le loisir.

Le soir de son arrivée, l'on put se faire une idée de la légèreté de ces chasseurs de Vincennes et de ces zouaves qui enlèvent si merveilleusement et les places et les champs de bataille. A un moment donné, la garde nationale de la banlieue laissa rompre sa ligne et pénétrer le flot qui ne tarda pas à déborder et à envahir la chaussée; mais tout-à-coup les chasseurs de la garde reçoivent l'ordre de faire rentrer cette marée dans son lit, et les voilà fendant la foule au pas gymnastique et courant, courant jusqu'à ce qu'ils eussent atteint la tête de la colonne, et alors ils se retournent, se développent en bataille sur plusieurs rangs de profondeur, croisent à demi la baïonnette et, s'avançant au pas gymnastique, font reculer la foule aussi vite qu'elle s'était précipitée. En un instant, la chaussée était libre, la haie était reformée; et nous eûmes là un échantillon de ce que sont nos chasseurs au pas de course.

La reine, dans ses promenades à Paris, ne visita que quelques monuments; mais il faut le reconnaître, ce fut avec un choix et un tact exquis. Sa première visite fut pour Notre-Dame et la Ste-Chapelle : monuments religieux qui lui rappelaient les siècles de Philippe-Auguste et de St-Louis, c'est-à-dire ces temps héroïques où les rois de France et d'Angleterre se croisaient pour repousser en commun les barbares de l'Orient. Elle visita également l'Hôtel-de-Ville; mais un jour de bal et par une des soirées les plus brillantes que Paris ait jamais données. Il fallait voir les salons de l'hôtel et la belle galerie de l'est toute éblouissante de lumière et de fleurs, et la reine s'avançant au milieu d'une double haie de dames s'inclinant respectueusement sur son passage !

La reine d'Angleterre visita aussi le Palais de Versailles, et l'on sait qu'une fête splendide lui fut offerte. Versailles ! voilà encore une grande merveille; je ne dis pas de la France, mais du monde. C'est certes le plus grand, le plus gigantesque travail que jamais souverain ait entrepris et exécuté avec un aussi admirable concours d'artistes comme l'on en avait jamais vu depuis Léon X. Ici tout est grandiose : la cour d'honneur avec son peuple de statues, le palais, les jardins, les bois, les pièces d'eau; là tout est en marbre, en bronze, en or et en peintures fines. Aujourd'hui auprès de Versailles, nous ne faisons que du plâtrage; mais là, la matière égale la forme, comme la forme égale la matière. L'on sait que ce magnifique palais a reçu, sous Louis-Philippe, une destination historique qui fait aujourd'hui l'intérêt du monument, comme la gloire la plus pure du souverain. Le palais de Versailles est un immense musée : c'est notre histoire nationale écrite en tableaux, en statues; siècle par siècle, avec tous les évènements mémorables et les portraits de nos rois et de nos grands hommes. Voilà donc un palais que la France devait être fière de montrer à un souverain étranger, et certes rien n'était plus glorieux pour elle. Que chacun de nous se mette à la place de la reine, et que d'impressions ne durent pas l'assaillir !

Du palais, elle visita ensuite ces magnifiques jardins, dessinés par Le Nôtre, et parcourut les allées, en calèche découverte, au milieu des *vivat* de la foule, au son du *God save the Queen* et au spectacle des Grandes-Eaux. Jamais elles n'avaient été aussi belles, depuis les réparations considérables qu'on y a faites. Voilà un spectacle féerique, digne des Mille-et-une-Nuits ; et qui n'a pas vu *la pièce de Latone, le Char embourbé, la salle de Bal, les cascades de la salle d'Apollon, la salle de Concert, la pièce du Dragon;* et, en un mot, tout ce jeu d'eaux jaillissant en gerbes, s'élançant, se croisant, s'entrelaçant, se déroulant en nappes, se précipitant en cascades, vomies par des grenouilles, soufflées par des dauphins, lancées en l'air par des monstres-marins, avec tous les effets prismatiques du soleil et de la lumière, avec tous les caprices et toutes les fantaisies de l'imagination et de l'art ; celui-là ne s'est pas fait une idée complète de la magie de Versailles, de son jardin enchanté et du faste de Louis XIV. Or, voilà ce que la reine d'Angleterre vit, en une heure, en calèche, et au trot. Quelle succession de merveilles !

Elle alla également voir les *Trianons;* et voilà encore de jolis *cottages* royaux ! Aujourd'hui toutes les voitures des sacres, des mariages sont réunies au grand *Trianon;* et il est difficile de se faire une idée de la magnificence de ces voitures de *Gala* toutes dorées et ornées des peintures les plus fines. Le petit *Trianon* est toujours ce charmant *cottage* qui rappelle les quelques beaux jours de Marie-Antoinette, avec sa délicieuse salle de spectacle, où la cour jouait elle-même; avec la Ferme, le Boudoir, la Vacherie, le Moulin, le Temple et l'Ile d'Amour, et surtout avec une végétation luxuriante et une admirable variété d'arbres des essences les plus rares qui en font un véritable Jardin botanique. La reine put voir là une chambre qui lui avait été destinée dans d'autres circonstances et qui est encore la plus belle du Palais. Que de souverains ont passé par les Trianons! Il semble que ce soit le Palais qu'ils aient quitté avec le plus de regret!

La reine fit encore une autre visite aux environs de Paris; mais une visite pieuse, et une sorte de pèlerinage à St-Germain-en-Laye. St-Germain vit aujourd'hui de souvenirs; mais il se rappelle toujours avoir été le séjour des rois. François Ier y bâtit un château qui existe encore; Henri IV en bâtit un autre, dont il ne reste plus qu'un pavillon et des murs de soutènement; Louis XIII y mourut, Louis XIV y naquit; et l'on sait qu'il fut sur le point d'y construire Versailles. Mlle de la Vallière s'y retira, Jacques II y vécut et y mourut en anachorète.

C'était le tombeau et l'appartement de cet infortuné Stuart que la reine venait visiter. Mais elle fit d'abord une pointe dans cette forêt giboyeuse, peuplée de daims, de cerfs, de chevreuils, de lièvres et de faisans; elle fit une halte dans un ancien pavillon de François Ier, aujourd'hui restauré et connu sous le nom de relais de chasse de la ***Muette;*** puis elle revint par cette admirable terrasse de Le Nôtre, d'où l'œil embrasse la plus magnifique perspective des environs de Paris. Il y avait pour la reine deux souvenirs anglais à St-Germain : l'un était le tombeau du roi Jacques (*), élevé dans une chapelle latérale de l'église, et l'autre était l'appartement du roi exilé.

Il y a dans le vieux château, d'un aspect triste et sévère, une chapelle ogivale qui date de François 1er, que Louis XIV avait fait dorer et orner de peintures

(*) Le tombeau contient les inscriptions suivantes tout-à-fait dans le goût de l'époque :

« *Regio cineri pietas regia.*
» *Ferale quisquis hoc monumentum suspicis,*
» *Rerum humanarum vices meditare :*
» *Magnus in prosperis, in adversis major,*
» *Jabobus II anglorum rex,*
» *Insignes ærumnas dolendaque nimium fata,*
« *Pio, placidoque obitu exsolvit.*
» *In hac urbe,*
Die XVI septembris, anno 1701,
» *Et nobiliores quædam corporis ejus partes,*
» *Hic reconditæ asservantur.* »

« *Qui priùs augustâ gestabat fronte coronam,*
» *Exiguâ nunc pulvereus requiescit in urnâ.*
» *Quid solium, quid et alta juvant ! Terit omnia lethum.*
» *Verùm laus fidei ac morum haud peritura manebit !*
» *Tu quoque, summe Deus, regem quem regius hospes*
» *Infaustum excepit, tecum regnare jubebis.* »

des plus grands maîtres : c'est certes ce qui reste de plus curieux dans ce lugubre donjon. L'appartement de Jacques II n'offre rien d'intéressant : sa chambre est une véritable cellule et son oratoire un oratoire d'ermite.

En haut, est une chambre que l'on indique comme ayant été momentanément habitée par Mlle de la Vallière, *cette petite violette qui se cachait sous l'herbe;* non plus, il est vrai, par la maîtresse du grand roi; mais bien par la future *sœur Louise de la Miséricorde*, cherchant un asyle qui fût un intermédiaire entre le palais des rois et le cloître des Carmélites dans lequel elle devait s'enfermer pour toujours. La reine d'Angleterre voulut visiter ce petit appartement, comme celui de Jacques II; mais là se borna sa visite; elle n'entra point dans l'église, et ne visita pas le tombeau du roi, lequel du reste était en réparation.

De St-Germain, la reine retourna à Versailles, où l'attendait une fête de nuit splendide : des jardins illuminés, un palais oriental tout en feu; et, au bout de la grande pièce des Suisses, un feu d'artifice représentant Windsor.

Quelques jours après, la reine, en voiture de *Gala,* traînée par huit chevaux; avec un cortége vraiment royal, et par un soleil radieux; au bruit du canon et des fanfares, au cliquetis des armes et des cuirasses; au milieu des *vivat* universels, traversait de nouveau, sous des arcs de triomphe, cette même ligne des Boulevards, parmi les flots pressés d'une population enthousiaste, venue de tous les points de la France et de l'Europe, et reprenait ainsi le chemin de l'Angleterre. Il est difficile de se figurer quelque chose de plus solennel et un cortége plus royal que celui-là !

FIN DE LA PREMIÈRE PARTIE

Deuxième Partie

LE PALAIS DES BEAUX-ARTS

I

Nous commencerons, comme la reine d'Angleterre, notre visite à l'Exposition universelle par le Palais des Beaux-Arts. N'est-il pas juste que les arts passent avant l'industrie ? et plus tard nous verrons qu'ils ont, surtout en France, beaucoup plus de rapport avec elle qu'on ne le suppose généralement.

En entrant au salon, ce que l'on trouve d'abord devant soi, ce sont les tableaux du Portugal, du Pérou, du Mexique, des Hesses, des villes Anséatiques, des Etats-Unis, de la Suisse, du Danemarck, de la Suède et de la Norwège... et il est inutile de dire que la plupart des tableaux du vestibule ne sont guère de nature à fixer l'attention. Cependant MM. Duntze et Gensler, des villes Anséatiques, ont exposé *une Matinée d'hiver en Suisse* et *des Peintres se récréant dans un atelier,* qui sont des tableaux de genre fins et spirituels. Les Hesses ont également exposé *des Allégories* d'un bel effet.

La Suisse se fait remarquer par ses tableaux de genre de MM. E. Girardet et A. Vân Muyden, mais surtout par ses paysages alpestres, qu'inspire le pittoresque de sa nature grandiose et sublime : ce sont *le Lac des Quatre-Cantons,* par M. A. Calame; *Aberland, le Chêne et le Roseau, les Glaces de Rosenlaui,* par M. F. Diday; *la Halte des chasseurs aux chamois dans les Alpes,* par M. Meuron.

Le Danemarck, la Suède et la Norwège doivent occuper une place à part et hors ligne dans la revue du Palais des Beaux-Arts, bien que ces royaumes n'aient exposé qu'un petit nombre de tableaux; mais ils comptent trois académies distinguées: l'académie de Stockholm, de Christiana et de Copenhague, et des peintres, il est vrai, en petit nombre; mais d'une grande originalité.

Le Danemarck devait déjà au célèbre statuaire Thorwaalsden, émule de Canova, un nom dans les arts. Son genre, c'est celui de la comédie et surtout de l'idylle; ce que ses peintres se plaisent à choisir, ce sont les scènes familières; et les sentiments qu'ils aiment à exprimer, ce sont les sentiments purs et élevés qui reposent l'âme et ne lui communiquent que des émotions douces. L'on sent que l'artiste y vit, au milieu de cette nature du Nord qui donne le calme à toutes les facultés; dans le sein de cette famille protestante qui a conservé quelque chose de l'austérité antique et de ce culte simple qui ne parle qu'à l'âme et non aux sens.

A ce genre appartiennent *les Habitants de la Délécarlie, en Suède, traversant un lac pour se rendre à l'église*, par M. G.-N. Marstrand; *une Famille de pêcheurs* et *le Sommeil de la grand'mère*, par M. Ch. A. Schleisner; *le Repos champêtre chez un paysan de l'île d'Amack*, par M. J.-J. Ecner : scènes charmantes de calme et de sérénité, exprimant toute la simplicité et toute la pureté des mœurs danoises !

Au genre comique appartiennent *les jeunes Romaines dans une guinguette*, par M. Marstrand, et *les Enfants qui jouent*, par Monies. A ces tableaux de mœurs il faut ajouter le portrait, vraiment remarquable par le fini des détails, de Mme Gestner, par M. Gestner, son fils; *la garnison danoise de Frederikstad repoussant l'assaut donné à la redoute du Moulin*, par M. Simonsen; et alors l'on pourra se former une idée et du style et du genre des peintres de l'académie de Copenhague.

La peinture suédoise appartient à la même école;

mais l'académie de Stockholm est encore supérieure à celle du Danemarck. La Suède et la Norwège ont exposé, des paysages et surtout des tabeaux de genre, dignes de toute notre attention. Le paysage suédois est en général remarquable par ses effets de lumière : c'est une vue qui vous transporte dans la région des neiges, des glaces, des arbres verts et des aurores boréales. A ce genre appartiennent *le Torrent dans la vallée,* par M. M. Larson ; *un effet du Soleil couchant dans les bois,* par M. Rodom ; *les Préludes de l'orage,* par M. J.-F. Eckersberg ; *une Vue des montagnes de Norwège,* par M. Gude ; *une Vue prise dans des environs de Christiana,* par M. Müller.

Mais le peintre le plus remarquable de la Suède et de la Norwège, des académies de Stockholm, de Christiana et de Dusseldorf, c'est, sans contredit, avec Hockert, M. Adolphe Tidemand, peintre de la cour. Ses tableaux de genre ont quelque chose de pur, de simple et d'austère qui touche le cœur et communique à l'âme des émotions tendres et sereines. C'est de la peinture idéaliste dans toute sa suavité ; ses scènes sont naturelles et pleines de vérité, et elles ont un cachet particulier, qui tend à présenter cet artiste comme un des chefs de l'école du Nord. A ce genre appartiennent, avec *un Prêche dans une chapelle de la Laponie Suédoise,* par M. Hockert ; *les Hangiens, le Maître d'école, les Funérailles dans les campagnes de la Norwège :* scènes touchantes et vraies qui vous pénètrent l'âme !

II

A notre droite et au nord, s'étend la longue galerie anglaise. Les Anglais ont exposé beaucoup de tableaux: le plus, après la France, de tous les peuples de l'Europe. Ils comptent plus de 1,100 toiles et une magnifique collection de gravures et d'aquarelles.

Cependant il s'en faut que la première impression, produite par l'exposition anglaise, soit satisfaisante. Il y a tant et tant de ce que l'on est convenu d'appeler *croûtes* et *épinards à l'huile,* que l'on est tenté de comprendre toute la galerie dans une proscription générale; cependant ne formons pas un jugement téméraire. Il en est de la peinture comme de la nation anglaise elle-même; et il faut bien se garder de la juger à première vue. Elle demande à être approfondie, et elle y gagne tous les jours.

Il ne faut pas perdre de vue que la peinture anglaise, proprement dite, ne date que d'un siècle. Presque entièrement étrangère aux grands mouvements de la renaissance, et initiée fort tard aux secrets de l'art par Holbein, Rubens, Van-Dyck, Petitot et Watteau...... la Grande-Bretagne se créa, au dix-huitième siècle seulement, sous l'impulsion de W. Hogarth, J. Reynolds, T. Gainsborough, B. West et Wilson, une école à elle, fort peu connue : école de portraits, de paysages et de tableaux de genre. Or, voilà l'école qu'elle continue encore aujourd'hui ; et ses peintres estimés sont des successeurs de Hogarth, de Reynolds et de D. Wilkie.

Si l'on jugeait l'exposition britannique par les tableaux officiels qu'elle contient, l'on en concevrait une assez triste idée. *Le Mariage de la reine Victoria,* par Hayter, et *son Couronnement,* par Leslie, sont notamment d'assez tristes tableaux pour de pareils sujets et pour de pareils peintres. Aussi ne faut-il pas demander à l'Angleterre des œuvres d'un grand style ; bien que *l'Enterrement d'Harold à l'abbaye de Waltham,* par Pickersgill ; *la Bataille de Roveredo,* par Stanfield ; *l'Arrivée du cardinal Wolsey à l'abbaye du Leicester,* par Cope ; *l'Excommunication du roi Robert,* par Desanges ; *le Jugement de lord Wm Russell,* par Hayter, et le *Cromwel* de Luce, soient des tableaux passables, quoiqu'inférieurs à ceux de même genre exposés par l'Allemagne, l'Autriche, la Prusse et la Belgique....

Ce n'est donc pas là qu'il faut aller chercher le véritable caractère de la peinture anglaise. Ne lui demandez pas d'œuvres de grand style, d'un genre noble et élevé ; en un mot, rien de ce que l'on appelle *le sublime.* Les tableaux religieux, elle ne les connaît pas ; et le genre historique, elle ne saurait jusqu'ici l'atteindre ; mais son style, c'est le style tempéré, et ses tableaux sont des tableaux de genre. Ce qu'elle rend, avec un cachet qui lui appartient, ce sont les scènes d'intérieur, familières ou grotesques; ce sont les animaux; c'est la satyre et la caricature; mais alors elle excelle; et sa peinture a un goût de terroir tout particulier, et une originalité sans pareille, en un mot, tout ce qui constitue *une école*. Il y a dans le *faire* anglais une finesse exquise, un naturel de détails, une naïveté d'expression alliée à un mouvement, à une verve, à un entrain tout particulier au génie anglais; et ses œuvres respirent une bonne et franche gaîté, une belle humeur, en un mot, cet *humour* britannique que l'on l'on ne trouve que là.

C'est dans ce genre qu'excellent Landser, Webster, Leslie, Mulready, Frith, Egg, Eastlake, Goodoll, Knight, Maclisse, Millais, Herbert, Redgrave.... *Le Jeu du ballon, le Marchand de cerises*, par Webster; *le But, le Loup et l'Agneau,* par Mulready; *l'Oncle Tobie,* par Leslie; et surtout *les Animaux à la Forge, Jack en faction, les Chiens au coin du feu,* par Landseer; *la Toque rouge* et *la Coquette de village*, par Lance, sont des tableaux de genre charmants.

Décidément, les Anglais peignent admirablement les scènes de la vie intérieure; l'on voit bien qu'ils l'aiment et qu'ils passent leur existence en famille. Ils peignent aussi à ravir les animaux; et leurs singes, leurs chiens, leurs chevaux ont de l'esprit. Il en est de leur peinture comme de leurs romans : s'ils ne brillent pas par la mise en scène, par l'ordonnance et l'harmonie de la composition ; ils excellent par ce détail intime de la vie privée, par cette peinture profonde qui fouille plus avant qu'aucune autre, qui finit par vous attacher à la longue et par vous gagner le cœur. Quelquefois la peinture anglaise s'élève jusqu'à la haute comédie : témoins *le Bal au bénéfice de la veuve* par Goodall, *Pope faisant la cour à lady Montague* par Frith ; l'*Ordre d'élargissement* de Millais ; *la Fille du pauvre Gentilhomme* et *Ophélia de* Redgrave ; *la fête de Noël dans le vieux temps*, par Machise ; *Amour et Piété*, par Minnes ; *Buckingham rebuté*, par Egget ; *un Chœur d'église de village*, par Webster.

Cependant, il faut bien le reconnaître, l'exécution ne répond pas toujours à la pensée ; la touche manque souvent de fermeté, et la peinture anglaise paraît souvent molle et liquide : elle tient beaucoup de l'aquarelle.

La sculpture de la Grande-Bretagne se distingue, comme sa peinture, par sa naïveté. C'est toujours de l'idylle, mais de l'idylle en bronze ou en marbre. Voici *un Bacchus enfant*, d'un naturel charmant ; voici *la Dorothée* et *le Berger tirant sur un aigle*, de John Bell ; l'*Allégra* et *la Penserosa*, de J. Durhan ; *la Mère*, de Foley ; *Chasseur et Chien*, de Gipson, le chien surtout est charmant. Voici *Ruth glanant*, par Gott ; *Ulysse et son Chien*, par Macdonald ; *une jeune Fille lisant*, *une jeune Fille se préparant au bain*, par Macdowell ; *le Premier chuchottement d'Amour*, par Marshall ; *un Enfant effrayé*, par Scharp ; *une Voyageuse sans asyle* et *un Enfant endormi*, par sir R. Westmacott : tout cela est admirable de naturel et exquis de pureté : ce n'est pas de la grande sculpture, il est vrai, et il ne faut pas chercher là le beau idéal des formes et surtout l'idéal grec ; mais c'est de la sculpture de genre, de la sculpture simple et vraie, comme la peinture anglaise.

L'on a indiqué bien des causes de l'infériorité de la peinture en Angleterre : le ciel brumeux des bords de la Tamise, et il est certain que le climat a une grande influence sur le style et sur le coloris ; l'exclusion de toute image du temple protestant, et le sentiment religieux sera toujours le feu le plus pur du génie ; l'absence d'un grand musée national et public ; le défaut d'encouragement donné par l'Etat à la grande peinture ; et enfin le goût de l'aristocratie anglaise pour les tableaux de genre. Ces causes existent certainement ; et l'on a remarqué que la peinture de genre était la peinture du nord, tandis que la peinture élevée était celle du midi ; mais ces causes se sont rencontrées également presque toutes en Hollande et en Allemagne, sans pourtant produire les mêmes résultats, et sans empêcher de surgir deux écoles à jamais célèbres. Il faut donc qu'il y ait en outre une cause plus générale, plus profonde : une cause *organique*, particulière au peuple anglais.

Il n'est pas *artiste*, dans la haute et souveraine acception du mot, si l'on entend par le génie des arts, ce sens élevé qui poursuit l'idéal en toutes choses et produit en nous, lorsqu'il l'a atteint, cette impression indicible de ravissement et de transport que fait naître *le sublime,* c'est-à-dire le beau, élevé à sa plus haute et suprême puissance. L'Angleterre a produit de grands poëtes, comme de grands tragédiens : Milton, Shakespear, Addison, Pope, Dryden, Tomson, lord Byron et Garrick................ et cependant, seul en Europe, le peuple anglais n'est pas musicien, soit comme compositeur, soit comme exécutant. Il compte quelques architectes : Inigo Jones constructeur du palais de Guildhall et Christophe Wren, architecte de St-Paul; et cependant l'on ne saurait dire que Londres soit une ville monumentale et ait rien de cette saisissante beauté qui caractérise et Paris et la France. L'imagination anglaise recherche et aime le pittoresque, sans s'élever jusqu'au beau dans sa sublime essence; son style est plus distingué que noble, plus digne qu'élevé; et le goût de l'aristocratie anglaise pour les tableaux de genre donne la mesure du génie de la nation elle-même. Mais toutes les fois que l'art se matérialise, qu'il touche à l'industrie et demande de la profondeur, du travail et de la patience; c'est alors que le génie vraiment industriel de ce peuple, éclate et se révèle; sa gravure est la première d'Europe et ses aquarelles sont sans rivales.

La gloire de l'Angleterre, c'est d'être elle-même. Si l'on excepte quelques dissidents allemands et quelques peintres de la Suède, de la Norwége et du Danemark, presque tous les tableaux de l'Exposition appartiennent, il faut bien le dire, à une seule et même école, à cette école française, régénérée par David et continuée par Ingres; et il est bien difficile de dire, en parcourant les salons consacrés aux diverses académies de l'Europe :

voici Rome ou Berlin, Madrid ou Vienne, Milan ou Bruxelles. L'uniformité est telle, qu'il est impossible de reconnaître un peuple, un climat, une individualité. Le peuple anglais au contraire est lui, toujours lui, en tout et partout, en peinture comme dans le reste. Si l'on voulait rattacher son genre à une école, ce serait avec l'école flamande qu'il aurait peut-être le plus d'analogie; et cependant il en diffère essentiellement. Avec autant de naïveté, il est plus élégant, plus distingué, plus pur; et son genre tient moins de la *charge* pour s'élever plus près de la haute comédie.

L'on peut critiquer l'exposition anglaise, surtout sous le rapport du coloris; mais ce que l'on ne saurait contester à la Grande-Bretagne, c'est qu'au moins elle possède une *école,* d'un genre peu élevé, soit; mais enfin une *école* qui est bien à elle, qu'elle a créée et qu'elle continue à ses risques et périls, depuis un siècle, avec une persévérance religieuse et un culte vrai des traditions nationales; en un mot, une *école* qui ne nous doit rien, et qui est de nos jours unique en son genre.

III

Après avoir étudié l'Angleterre, il est assez curieux de passer en revue l'état actuel des nations qui ont jeté le plus vif éclat dans les arts. Telles furent, on le sait, la Grèce, l'Italie et l'Espagne. Or, aujourd'hui l'exposition de la Grèce est à peu près nulle, elle n'a produit qu'une Vierge dans le style bysantin.

S'il n'en est pas de même de l'Espagne, il faut dire qu'elle n'en est pas moins en décadence. Voilà pourtant un royaume qui a possédé une école, que dis-je, plusieurs écoles célèbres, qui a donné le jour à des peintres tels que Moralez, Velasquez, Ribera, Zurbaran, Murillo..... c'est-à-dire aux peintres les plus célèbres de l'Europe, et qui surtout a eu un genre à lui, unique dans l'histoire de la peinture et sans ressemblance avec les autres écoles. Eh bien! aujourd'hui l'Espagne ne cultive plus qu'un genre de peinture, le portrait, et elle le traite, comme tous les peintres de France, sans aucun cachet particulier.

Ses peintres sont MM. B. Lopez et F.-P. Madrazo, et ce sont les seuls qui jouissent d'une certaine réputation. Les *Portraits de la reine Isabelle, du roi dom Francisco, de la duchesse d'Albe, de la duchesse de*

Séville, de la charmante duchesse de Medina-Cœli, de la comtesse de Robersaert, du patriarche des Indes, de la nourrice de la princesse des Asturies et de beaucoup d'autres personnages, ont été exposés par ces deux peintres et fixent tous les regards par l'éclat chatoyant du coloris, comme par le fini, souvent minutieux, du costume.

Mais, malgré ces qualités, la peinture espagnole manque aujourd'hui complètement de caractère. Elle n'a plus rien qui rappelle ni les mœurs du pays, ni l'originalité du costume, ni la beauté de son ciel, ni la couleur de son teint, en un mot, rien de ce cachet tout particulier au physique comme au moral qu'avaient si vigoureusement reproduit les grands peintres de l'Espagne. Il faut le dire, l'école espagnole n'existe plus. Elle s'est faite éclectique et cosmopolite, elle qui cependant pouvait trouver dans les traditions du passé, dans son climat et dans ses mœurs, tant de types d'une originalité vraiment nationale !

Si l'on jette un regard sur l'Italie, l'on remarque que l'exposition de la Toscane et des Deux-Siciles est complètement nulle, et que la Sardaigne n'a exposé qu'un tableau de quelqu'intérêt : *la Nouvelle de la mort du roi Charles-Albert* par M. G. Ferri.

Mais il n'en est pas de même des Etats-Pontificaux et du Lombardo-Vénitien, notamment de l'académie de Milan. Si Rome n'a exposé de tableaux un peu remarquables que celui du *Prophète Jérémie*, ce n'est pas à l'exposition de peinture qu'il faut seulement la juger. Il faut encore faire une fugue au grand palais de l'industrie, et là vous verrez des mosaïques admirables par leur perfection, de véritables peintures en pierre, rappelant un art qui n'existe plus qu'en Italie : il faut encore entrer au musée de sculpture, et là vous verrez que l'Italie manie toujours le ciseau comme personne au monde ; là vous admirerez les œuvres charmantes de M. J.-M. Benzoni : *l'Amour maternel, la Bienfaisance, St-Jean enfant, l'Espérance en Dieu...*

Pour rendre justice à l'Italie, il faut aussi lui restituer ce que le livret attribue à l'Autriche. Elle possède en effet à Milan une école célèbre de sculpture ; et l'on voit que les Italiens vivent toujours au milieu du marbre de Carrare, qu'ils ont sous les yeux des types inspirateurs, et qu'ils sont encore les premiers sculpteurs, au moins pour la souplesse du ciseau :

Excudent alii spirantia mollius æra,
Credo equidem, vivos ducent, de marmore vultus.
....

A l'académie de Milan appartient *l'Armide* de Bottinelli ; *la Surprise agréable* de Cacciatori ; *l'Orgie* d'Ella-Torre ; *Achille blessé, Dédale et Attala* de Fraccaroli ; *une Bacchante, la Folle par amour, la Fille de Jephté* de Galli ; *Socrate, David, Angélique* de Magni ; *Narcisse* de Manfredini ; *la Pudeur* de Menisini ; *l'Epouse du Cantique des Cantiques, une Mariée* et *la Vierge voilée* de Motelli ; *un Sauvage d'Amérique* par Pierotti, et *la Méditation* par Rossi.

Ce qui frappe dans la sculpture milanaise, c'est la souplesse avec laquelle l'Italien manie toujours le marbre de Carrare, et c'est encore sous son ciseau que le marbre s'assouplit, qu'il vit et qu'il respire.

Lorsque l'on a retranché de l'Autriche ce qui appartient par droit de naissance à l'Italie, l'exposition autrichienne se trouve alors bien réduite, et il s'en faut qu'elle soit à la hauteur de l'exposition prussienne. Elle ne possède pas d'école, et tous ses peintres sont en général des élèves des nôtres, suivant les errements de l'école française avec une certaine perfection plastique.

Nous rattacherons du reste à l'Autriche la Bavière, ainsi que les duchés de Bade et de Nassau. La Bavière a exposé plusieurs portraits remarquables de M. F. Baulbach, d'un goût pur et sévère; M. F.-X. Winterhalter un portrait d'une certaine beauté; M. L. Knaus *un Incendie* et *le Matin après une fête de village,* qui sont de jolis tableaux de genre.

Ce que l'Autriche proprement dite offre de plus remarquable, c'est un tableau de M. Ch. Blaas représentant *Charlemagne visitant une école de garçons, l'Emprisonnement des enfants du roi Manfred après la bataille de Bénévent,* par M. E. Engerth; *l'Assomption de la Vierge* de M. L.-C. Kupelwieser, grand tableau religieux destiné à l'église métropolitaine de Colocza en Hongrie; *l'Enfant trouvé,* charmant petit tableau de genre de M. F. Mallitsch, et *le Matin de la fête de*

Noël, par M. F.-G. Waldmüller. Tous ces tableaux n'offrent du reste aucun cachet qui puisse constituer une école.

L'Autriche a encore exposé quelques autres tableaux d'une beauté supérieure peut-être; mais ils appartiennent à l'école de Milan. Tel est le charmant tableau de *Parisina* par Bertini; *les Réfugiés d'un village incendié* par D. Induno, et *la jeunesse de Christophe Colomb* par M. Conconi : tête remarquable de pensée et d'inspiration, véritable figure de ce génie supérieur qui rêva toute sa vie l'existence du nouveau monde que son imagination demandait aux bords de la mer.

IV

Voici le salon carré de la Prusse : il est bien supérieur à celui de l'Autriche, et c'est un des plus beaux et des plus considérables de l'Exposition. La Prusse joue un grand rôle dans les arts ; et les seules peintures sur porcelaine, exposées au grand Palais de l'Industrie par la Manufacture impériale de Berlin, suffiraient pour l'attester. L'on sait qu'elle possède une école célèbre d'un genre tout particulier, ne relevant ni de l'Italie ni de la France, et ayant cherché dans la peinture antérieure à Raphaël les principes purs et austères du beau.

Il eût été bien curieux pour nous d'étudier cette école nouvelle, remarquable à tant de titres par la profondeur de la pensée, la puissance de l'imagination et par l'audace des efforts, et de voir l'école Allemande en présence de notre école Française, héritière de l'Italie, imitatrice de Florence et de Rome.

Nul ne doute de l'indépendance d'esprit de l'Allemagne et de la hardiesse de sa pensée dans la métaphysique comme dans les arts ; mais ce dont il est permis de s'inquiéter, c'est de la sureté du goût germanique, c'est de ce tact exquis, sans lequel il est impossible d'exprimer et de reproduire le beau. L'Allemagne est allée en chercher le type antérieurement à Raphaël qui, selon elle, l'aurait altéré, et a remonté jusqu'au moyen âge dont l'archaïsme doit seul, dans ses idées, être réellement religieux et chrétien. Réussira-t-elle dans cette voie ? C'est un grand problème. Il est certain que les maîtres de la nouvelle école allemande, les Cornélius, les Owerbeck, les Kaulback, les Rauck sont des hommes de génie d'une haute portée, doués d'une grande puissance de conception et d'une puissante vigueur d'éxecution; et les cartons de M. de Cornélius rappellent le faire de Michel-Ange; mais l'on sait combien dans les arts la forme est loin de la pensée. Or, ces grands maîtres n'ayant exposé que des cartons et des dessins, l'on comprend qu'il nous soit impossible de juger à l'œuvre la nouvelle école allemande.

Au reste, si la peinture allemande n'a pas en général suivi les errements tracés par MM. Cornélius et Owerbeck, il faut reconnaître qu'elle appartient exclusivement à l'école idéaliste, qu'elle se ressent de l'impulsion de spiritualisme imprimé aux arts par la nouvelle école germanique, qu'elle se distingue par le sentiment et la pensée, et enfin qu'elle brille par la pureté de la ligne, bien plus que par l'éclat de la couleur.

La peinture allemande embrasse tous les genres et tous les styles : le tableau religieux, le tableau d'histoire, le genre familier, la comédie et le paysage. Tout y est traité, sinon avec un cachet original, au moins avec une grande pureté de goût et une certaine élévation de pensée, qui fait du salon prussien, un salon de choix. Ce qui le distingue éminemment, c'est la sobriété et le goût qui ont présidé à l'exposition des tableaux : tout y est passable et tout y est pur.

Les tableaux mystiques de M. Ch. Müller, *la Cène*, *l'Annonciation*, *la Vierge et l'Enfant Jésus* sont des tableaux d'une certaine beauté, bien qu'on puisse leur reprocher un excès de mignardise.

Frédéric-Guillaume à la bataille de Fehrbellin, par M. Eybel, *Joachim II, électeur de Brandebourg*, *le duc d'Albe* par M. L. Rosenfelder, et surtout *la mort de Léonard de Vinci* et *Milton aveugle dictant le Paradis perdu à ses filles* par M. J. Schrader, sont des toiles dignes de la France par la pureté du style et le fini de l'exécution. Ces deux derniers tableaux sont surtout remarquables par la simplicité de l'expression, par ce je ne sais quoi de touchant et d'élevé qui se communique à l'âme.

Les Paysans de Brunswick allant à l'église par M. F. E. Meyerhein ; *les Adieux des Emigrants à leur Patrie* par M. Ch. Hübner, sont de véritables idylles touchantes de pensée et d'expression. *Les Esclaves grecques* de M. E. Jacobs sont remarquables de coloris. Les petits tableux d'intérieur de M. J. G. Meyer, *la Mère et ses Enfants*, *le petit Frère dormant*, *deux Enfants dormant* sont exquis de sentiment et de naturel, en dépit d'un peu de mignardise. Ces tableaux appartiennent à l'école anglaise avec le fini de plus et une perfection à laquelle les Anglais sont loin d'atteindre.

Le Dîner dans le désert et *l'Embarquement à contre-*

cœur de M. H. Kretzschemer, sont des vaudevilles très-spirituels, comme les portraits de M. E. Magnus, et notamment celui de Mme Sontag et de Jenny Lind, sont remarquables partout.

La Prusse, comme le Danemark, comme la Suède et la Norwège, a exposé un grand nombre de paysages dont quelques-uns sont d'une grande beauté. Décidément le nord brille par le paysage, et ce qu'il faut pour inspirer l'artiste, c'est une nature extrême ; c'est le froid avec ses effets de lumière, de neige et de glaciers. Un grand nombre des paysages exposés ont du reste été empruntés à la Suisse, laquelle est, on le sait, en partie prussienne.

Tels sont *une Marée haute* à Ostende et *une Vue de Sicile* par M. A. Achenbach ; *une très-belle Vue de Lauzanne et du lac Leman* par M. F. Hengsbach ; *l'Hiver* par M. Hildebrant ; des *Vues de Norwège* par M. A. Leu ; *le Lac des quatre cantons* par M. J. G. Lindlar ; *la Chûte du Reichenbach* par M. E. Pape ; *la Vallée de St-Martin* par M. G. Porttmann ; *une chûte d'eau* par M. A. Schulten; et *le Reichenbach en Suisse* par M. Ch. Seiffert.

Enfin la Prusse a exposé des sculptures de son plus grand statuaire, M. Rauch, notamment *le monument de Frédéric-le-Grand à Berlin* avec la tête de sa statue équestre ; mais ce ne sont que des plâtres, ou moulés, ou réduits sur l'original.

V

Les Pays-Bas et la Belgique occupent un des premiers rangs à l'Exposition des beaux-arts, et ces deux nations possèdent une école célèbre dont elles continuent les traditions avec un certain bonheur. Successeurs des grands maîtres de l'école Flamande, les peintres de la Belgique et de la Hollande se font toujours remarquer par le fini des détails et par un certain coloris traditionnel : heureux si, à ces bonnes et saines traditions plastiques de l'art, ils savaient allier plus de spontanéité et d'indépendance !

Supérieurs, par le fini de l'exécution, aux peintres de la Grande-Bretagne, ils leurs sont inférieurs en invention ; et, si leur peinture séduit par la délicatesse du pinceau et par l'éclat des couleurs, elle manque généralement de cette verve et de cette vivacité mordantes qui caractérisent l'école Anglaise. Les peintres des Pays-Bas conservent, mais ne créent pas; tandis que l'école anglaise est toujours pleine de vie, de jeunesse et d'ardeur.

La production propre à la Hollande, c'est la peinture de genre ; et ce qui frappe dans la galerie des Pays-Bas, ce sont les intérieurs de maisons hollandaises, les lectures de Bible, les ateliers de peintres et d'artistes, les scènes de saltimbanques, les vues d'édifices, de villes; les paysages, les scènes bouffonnes et grotesques, et ces effets de lampe et de chandelle, si connus, qui rappellent les tableaux de l'école flamande.

A ce genre appartiennent les tableaux de M. P. Kiers : l'*Intérieur d'une maison hollandaise*, *un Peintre dans son atelier*, *une Dame hollandaise lisant la Bible; les Saltimbanques en répétition* de M. J. M. Schmidt-Crans ; *les Moines de l'ordre de Saint François chantant un Te Deum*, *la Sainte Scène dans une église protestante*, et *la Salle du Consistoire, à Nimègue* par M. J. Bosboom.

Mais, ce qui assure une supériorité incontestable aux peintres Hollandais sur les peintres de la Grande-Bretagne, c'est leur habileté à traiter les tableaux d'histoire. A ce genre appartiennent les tableaux de MM. Calisch : *Louis-Napoléon, roi de Hollande, secourant les inondés en 1809; le prince Guillaume d'Orange s'opposant à l'exécution des décrets du roi d'Espagne* par M. J. Israels, et *le portrait de S. M. Guillaume III, roi des Pays-Bas* : tous tableaux remarquables et peints avec habileté.

La Belgique a exposé un grand nombre de tableaux (480); et elle occupe un des premiers rangs après la France, tant par la beauté de l'exécution que par la variété du talent, lequel s'applique, avec un égal bonheur, à tous les genres. Le salon Belge est un véritable salon français, bien supérieur à celui des Pays-Bas par la grandeur et par la variété. Au reste, il faut le reconnaître également, la Belgique manque d'originalité; et n'offre rien de particulier, si ce n'est peut-être ce goût antique et traditionnel pour les effets de lumière et de nuit lequel rappelle l'école flamande.

A ce genre appartiennent les tableaux de MM. P. Van Schendel, J. J. Eeckhout : *la Fête des Rois, le Marché à la Haye, une Vue de Rotterdam, un Marché au Poisson en Hollande* et *un Paysage au clair de la Lune.*

Les peintres Belges traitent encore, avec bonheur, les scènes familières, enfantines et bouffonnes ; ils peignent toujours bien les pauvres et les mendiants, les marchés, les fumeurs, et en général tous ces détails de la vie qui rappellent cette école réaliste, si remarquable de naturel et de vérité.

A ce genre appartiennent l'*Ecole de Village* et *le jour de Saint-Thomas* par M. F. de Braekeleer; *les Trouble-Fête*, et *la Fête au château* par M. J. B. Madou ; *la Toilette du Coquillard et du Malingreux* par M. J. Mathysen ; *le Marchand de gibier, les Fumeurs* et *la Leçon de lecture* par M. Ch. Van Meer; *Chien* et *Chat* par M. Ch. Verlat; *le Droit de Passage* par M. A. Dillens, et *la Sieste* par M. A. Stevens.

A un ordre plus élevé d'idées et de style appartiennent les tableaux religieux de M. F. Houzé, Mathieu, et les tableaux historiques de MM. Wauters, E. Hamman et et E. de Biefve : *la Lecture de l'arrêt de mort prononcé contre le baron de Montigny, par ordre de Philippe II*, et *l'Instruction religieuse donnée aux Pâtres des environs de Rome* sont des tableaux sérieux d'un style élevé; mais les trois plus remarquables du salon sont, sans contredit, *le Christophe Colomb*, *l'Adrien Willaert* de M. L. Hamman *et le Compromis des Nobles* de M. E. de Biefve: voilà de la belle peinture, du style et de la pensée.

La Belgique a aussi sa place au salon de sculpture, et elle compte des sculpteurs distingués, tels que MM. J. Geefs, G. Geefs, Jaquet et Fraikin........ L'on a pu remarquer une *Bacchante* de A. Dutrieux; *un Berceau de l'Amour,* délicieux petit morceau de Fraikin; *l'Age d'Or* par Jaquet et *le Lion amoureux,* ce groupe connu et déjà reproduit par la moulure, de G. Geefs. Mais le plus grand morceau de l'exposition Belge est sans contredit le monument érigé à la mémoire de la reine des Belges, par la reconnaissance et par l'amour de tout un peuple. Ce monument, aussi élevé de pensée que pur et achevé d'éxécution, est l'œuvre de M. Fraikin : la reine Louise, couverte de son manteau royal, est représentée se soulevant avec effort sur son lit de douleur,

Ter se se attollens, cubitoque innixa levavit.

Et, tandis que sa couronne terrestre s'échappe de son royal front et tombe aux pieds de la Belgique qui la contemple avec douleur, le regard inspiré de la chrétienne se lève et se dirige vers une couronne céleste qu'un chérubin, qui la couvre de ses ailes, lui apporte des hauteurs du firmament :

Quæsivit cœlo lucem !.......

VI

Voici l'exposition française, et nous devions naturellement finir par elle. L'on voit bien, au grand nombre de tableaux exposés, que nous sommes chez nous : heureux, si le choix était toujours irréprochable ! Ce n'est pas en effet par la sobriété que nous brillons, et il faut procéder plusieurs jours, par voie d'élimination, pour se faire une idée juste de l'exposition française.

Deux grands salons et sept galeries sont consacrés à la peinture française de tout genre. C'est là que l'on revoit, avec un nouveau plaisir, des tableaux qui sont pour nous de vieilles connaissances : *le Tintoret et sa Fille,* par M. Léon Coigniet, l'auteur de l'Expédition d'Egypte ; les tableaux religieux de MM. Heim, Schnetz et Flandrin ; *les Derniers Moments de Montaigne* et *le Benvenuto Cellini* de Robert Fleury ; *la Mort de César* de Court ; *la Peste à Rome* par La Rivière.....

Voici les marines de Gudin avec leurs effets prismatiques de lumière ; Biard avec ses charges et ses glaciers, ses aurores boréales et son ciel de Laponie ; voici les tableaux de genre de Meissonier ; de Decamps, avec ses vues d'Orient, son ciel de bronze, ses blanches murailles et son coloris oriental.

Voici les paysages de MM. Troyon, Paul Huet, Théodore Rousseau et Français ; les peintures d'animaux de M. Brascassa et de Mlle R. Bonheur ; les intérieurs de Couder ; les tableaux de genre d'Isabey, de Jalabert, de Roux et de Hamon.....

Le Grand-Salon réunit les plus grandes toiles de l'Exposition : *un Episode de la Retraite de Russie*, *Rome au Siècle d'Auguste, Néron conduisant un Char, les Romains de la Décadence, Vive l'Empereur, l'Appel des dernières Victimes de la Terreur, le Décaméron* de M. Winter-Halter, les tableaux de M. L. Coigniet... L'*Episode de la Retraite de Russie* rappelle Gros et le *Champ de bataille d'Eylau ;* le *Décaméron,* objet de tant d'éloges et de tant de critiques, n'en reste pas moins un morceau plein de grâce et d'élégance. Mais, de tous les tableaux du Grand-Salon, celui qui produit le plus d'effet est sans contredit le tableau de M. Muller, représentant l'*Appel des dernières Victimes de la Terreur :* voilà de la peinture qui fait penser ; c'est celle que j'aime.

Le Salon-Carré, qui s'ouvre au-dessus du grand Salon-Rectangulaire, est consacré aux œuvres de MM. Eugène Delacroix, Henri Schnetz, Flandrin, H. Lehmann, Robert Fleury..... Ce salon n'est pas du reste, comme on l'a dit, celui de M. Delacroix : l'honneur d'un salon n'ayant été accordé qu'à MM. Ingres et Vernet; cependant, il faut le dire, ses œuvres y dominent. Il est impossible de ne pas admirer chez M. Delacroix la puissance fougueuse d'une imagination féconde, comme l'éclat splendide de la couleur; mais les précieuses qualités de la nature dispensent-elles de la netteté et de la précision de la pensée, de la sévérité de la ligne et de la pureté du dessin, comme du respect religieux des saines traditions de l'art; et l'imagination, quelque brillante qu'elle soit, exempte-t-elle du travail et du goût? S'il en est ainsi, M. Delacroix est un grand maître, bien que les fantaisies de l'imagination ne soient pas appelées à faire école. Mais si le talent, quelqu'heureusement doué qu'il soit, a toujours besoin de mesure et de règle pour arriver à la perfection qu'il peut humainement atteindre; si la couleur ne dispense jamais de la pureté du *trait*, comme du fini des détails; et si, en un mot, le mouvement et la couleur ne constituent pas à eux seuls tout le style pictural; et s'il faut y ajouter la correction, l'ordre et l'harmonie; M. Delacroix n'est plus alors qu'un talent imparfait, dangereux même comme modèle, jetant de vifs éclairs par intervalles, mais bien loin de l'idéal que doit poursuivre le génie.

D'un autre côté, la collection de ses œuvres a été loin de donner gain de cause à cette nouvelle école qui semble avoir pris pour type le laid, au lieu du beau, et vouloir reproduire le romantisme en peinture. Après *le Dante et Virgile, le Doge Marinofaliero, le Naufrage de Don-Juan, la Coupole du Luxembourg* et *le Salon de la Paix* de l'Hôtel-de-Ville.... il est triste de trouver des œuvres, à peine ébauchées, telles que *le Christ en croix*, *la Madeleine dans le désert*, *les Convulsionnaires de Tanger* et *une Chasse aux Lions* d'une excentricité et d'un laisser aller incroyables.

Après l'Agésilas, hélas !.........

Seuls, MM. Ingres et Horace Vernet possèdent un salon à eux; et, par une bonne fortune qui ne se retrouvera peut-être jamais, il est permis de voir là de compagnie des tableaux qui, l'exposition finie, se disperseront sur tous les points de la France.

M. Horace Vernet est le peintre officiel des batailles: c'est l'artiste de nos jours qui a le mieux écrit notre histoire militaire, et celui dont le riche et fécond pinceau transmettra à la postérité ses grands récits, ses glorieux épisodes. Il vit au milieu des costumes militaires, des tambours, des trompettes, des sabres, des fusils, des épées, des faisceaux d'armes, des panoplies; et nul, mieux que lui, n'a rendu l'uniforme et le soldat français. Il excelle à peindre le cheval dans toutes ses poses et avec toutes ses allures, surtout le cheval de bataille, le coursier frémissant de Job; il sait en outre ajouter à nos grandes scènes militaires des couleurs chaudes et brûlantes, le ciel de bronze de l'Orient.

Voici la grande et belle bataille d'Isly, peinte avec une précision, une simplicité et une sévérité antiques, sous le ciel de feu du Maroc; voici la prise de la Smala :

tableau d'un goût moins austère; mais admirable panorama, commandé par des circonstances particulières, et attestant toute la puissance de la féconde imagination de son auteur. Tous ces tableaux sont en outre des galeries de portraits historiques, que l'avenir consultera avec un respect religieux, et d'où il viendra détacher les figures de nos grands hommes de guerre, rendues avec la plus scrupuleuse exactitude.

M. Vernet embrasse du reste tous les genres. Tel portrait du frère Philippe rappelle, par son naturel et son austérité, le *faire* simple de Philippe de Champagne; comme Mazeppa exprime ce que nous possédons de plus vigoureux en fait de chasse et de chevaux; comme Rebecca à la fontaine réalise le vrai type arabe, idéalisé à l'aide des souvenirs bibliques... Voici une Messe dans le désert, aussi remarquable de pensée que belle de coloris : un autel a été dressé avec des tambours et des branchages, un tronc d'arbre a été transformé en croix; le peintre a choisi le moment solennel de l'élévation, la fumée du canon se mêle aux vapeurs de l'encens, les zouaves, le genou en terre, s'inclinent avec respect, le malade tourne vers l'hostie sainte un regard de douleur et d'espérance; et l'arabe, stupéfait à la vue de ce saisissant spectacle, semble s'écrier, la main levée vers le ciel : *Allah! Allah!*

A gauche, s'étend le salon exclusivement consacré aux œuvres de M. Ingres. Voici le véritable chef de l'école idéaliste en France, l'heureux continuateur de David, et le plus grand maître de la peinture moderne;

voici cette peinture achevée, d'une perfection exquise, reproduisant par sa pureté comme par son élévation les œuvres magistrales des grands maîtres de l'Italie. L'on ne se lasse point d'admirer, à côté de Vénus et d'Odalisques qui rappellent les suaves créations du Corrège, l'*Apothéose d'Homère* et *de Napoléon, le Vœu de Louis XIII,* et *cette Vierge à l'Hostie* de la plus mâle comme de la plus divine beauté. Voici des portraits d'un fini exquis, et un *Saint Symphorien* avec l'éclat de la sainteté et l'auréole du martyre, resplendissant au milieu des bourreaux et d'une multitude en délire (1). L'on reste là des heures entières en contemplation, admirant et admirant toujours, parce qu'il y a dans ces grandes et sublimes créations, un reflet de ce beau idéal qu'adore et que poursuit notre âme, une émanation de ce je ne sais quoi, toujours ancien et toujours nouveau, qui frappe et qui fascine tous les regards, qui exalte et ravit toute imagination, toutes les âmes, qui sait trouver le chemin des cœurs et éveiller chez tout homme le sentiment inné du beau.

A la vue de pareils modèles, l'on comprend mieux le but sublime de cet art admirable que l'on a voulu réduire à une simple imitation plastique de la nature, ou à une espèce d'illusion qui n'est que l'imitation élevée à sa suprême puissance. Non, la fin de l'art est

(1) St Symphorien est ce martyr célèbre à qui sa mère criait du haut des remparts d'Autun : *Nate, nate Symphoriane, ... sursum cor suspende, Fili ; hodie tibi vita non tollitur, sed mutatur in melius.*

au-dessus de la couleur, de la forme et du trait lui-même; comme le sentiment que j'en ai, est supérieur à la matière, et le sens esthétique au rayon visuel. Sans doute, l'art du peintre, comme celui de l'architecte et du sculpteur, doit passer par mes yeux pour arriver jusqu'à moi; mais ce n'est pas à mes regards qu'il doit parler, c'est à mon âme; et l'œil n'est que l'organe intermédiaire par lequel l'art doit pénétrer, pour atteindre à cet idéal du beau dont l'essence et l'architype sont en Dieu, mais dont le sens esthétique est en nous. Voilà pourquoi le *voyant* ou la couleur ne seront jamais tout l'art, mais seulement un de ses moyens plastiques : comme dans les lettres, il y a quelque chose de plus que le discours et que l'harmonie des mots et du langage; quelque chose de notre esprit, de notre imagination, de notre cœur, que dis-je! de notre âme elle-même!

Au reste, pour se faire une juste idée de la peinture en France, depuis un demi-siècle, il ne faut pas s'enfermer dans les étroites limites du Palais des Beaux-Arts, ou l'idée que l'on s'en formerait serait loin d'être complète. Mais il faut, ou en reculer les murailles et en élargir l'enceinte, ou aller fouiller nos musées, nos églises, nos palais, nos galeries, St-Germain-l'Auxerois, Saint-Germain-des-Prés, Saint-Vincent-de-Paul, la Madeleine, Notre-Dame-de-Lorette, Saint-Sulpice..... le Louvre, les Tuileries, l'Hôtel-de-Ville, le Luxembourg et Versailles; il faut en détacher les plafonds, les fresques, les tableaux, les peintures murales, et aller chercher les peintres, ou boudeurs ou trop modestes, qui ont cru devoir s'abstenir.

C'est seulement alors, que l'on comprendra que la France est véritablement à la tête de l'Europe, non-seulement par le nombre de ses artistes et par l'excellence de ses maîtres; mais encore par la supériorité de son goût comme par la magnificence des encouragements de toute nature que reçoivent les arts de la religion, du budget des villes et de l'Etat. La France seule fait toujours école en Europe, et tous ces peintres étrangers dont nous admirons les œuvres, sont, à l'exception de l'école anglaise, des novateurs allemands et quelques peintres originaux du Danemark, de la Suède et de la Norwège, sont, dis-je, les élèves de nos maîtres.

VII

L'on ne saurait non plus se faire au salon une idée complète de la sculpture française, bien que l'on puisse distinguer *Bacchia* par Barre; *la Vérité* par Cavelier; *les Bacchantes* de Pollet; *la Siesta,* charmante statue de l'auteur de *Spartacus*; *la Chatte* et *ses Petits,* par Fremiet; *la Surprise* par Jacquot; *la Pudeur* par Jaley; *une Nymphe* par Loison; *le Retour du Printemps* et *Cypris allaitant l'Amour* par Marcellin; *l'Eté,* charmante statue de Moreau; *le célèbre Pêcheur jouant avec la Tortue* par Rude; *le Faune dansant* de Le Quesne; *un Jaguar dévorant un Lièvre* par Barye; *une Etude de jeune Femme* et *l'Eucothée* par Dumont; *le Pêcheur Napolitain* de Duret, enfin la statue colossale de la *Minerve du Panthéon* par Simart.

Mais, pour suivre le progrès de la sculpture française, depuis un demi-siècle, il faudrait ajouter à cette exposition les statues de Pradier, de Rude, de Foyatier.... ainsi que les chefs-d'œuvre de David d'Angers, et surtout ce fronton du Panthéon : la plus belle page de sculpture historique des temps modernes.

Bien des causes conspirent du reste contre la sculpture en Europe : l'absence de types aussi parfaits que ceux que la nature prodigua à la Grèce; son rôle moins important dans nos usages et dans nos mœurs que dans le culte anthropomorphique de l'antiquité; enfin surtout le défaut d'harmonie de la sculpture avec l'art chrétien.

La sculpture est en effet essentiellement païenne ; et c'est surtout dans l'infinie variété des dieux et des héros de la mythologie, qu'elle était appelée à puiser ses inspirations, comme à choisir ses sujets. Elle trouvait là ce culte de la forme qui est son but, comme son essence ; et cet idéal, elle le voyait réalisé dans ce type grec, le plus beau peut-être de la nature.

Aujourd'hui il est toujours donné à la statuaire de sculpter le buste ou la statue de nos grands hommes, de fouiller un bas-relief ou un fronton, comme d'élever un monument historique ou funéraire : mais là s'arrête son véritable rôle; et, hors de là, elle est obligée de demander ses inspirations à l'allégorie mythologique. Aussi est-ce notamment à ce genre de sujets qu'appartiennent les chefs-d'œuvre de la sculpture française : *la Diane à la Biche, le Milon de Crotone....* et, de nos jours, après le fronton du Panthéon et le bas-relief de Rude, que possédons-nous de plus beau que *le Spartacus, le Gladiateur mourant, le Pêcheur jouant avec la Tortue....* tous souvenirs de l'antiquité ?

Il ne sera jamais donné à la statuaire de rentrer dans nos mœurs, comme elle y fut autrefois. Le dirai-je ! chacun de nous se trouve déplacé au milieu de ce peuple de statues qui remplit nos jardins et nos musées. C'est que le culte de la forme, si voisin du culte de la matière, a pu être la religion de l'antiquité païenne; mais le culte de l'âme est le seul idéal de l'art chrétien.

Ce qui fait l'immense supériorité de la peinture, comme de l'architecture chez les peuples modernes, c'est précisément leur affinité plus intime avec ce beau idéal religieux que ces arts étaient appelés à traduire et à exprimer. Aussi, contre quelques statuaires, nous trouvons des milliers de peintres; et il ne faut pas s'étonner de la nullité de la sculpture moderne : elle tient encore moins à l'infériorité de l'imagination et du génie, qu'aux nouvelles conditions morales et sociales dans lesquelles la civilisation moderne a placé cet art.

VIII

La peinture est-elle chez nous en progrès ou en décadence? Cela dépend du second terme que l'on prendra pour point de comparaison. Si nous nous reportons au grand siècle, l'infériorité n'est que trop humiliante; mais il est des époques privilégiées après lesquelles il semble que la providence elle-même se repose. Nous reportons-nous au siècle des Wateau, des Boucher, des Natoire... et le progrès est immense! Or, l'on peut dire qu'un art se soutient, lorsqu'avec quelques éclairs de génies originaux, toujours bien rares, il conserve religieusement le feu sacré des bonnes et saines traditions. Telle est aujourd'hui notre école française, continuant dignement la révolution opérée par David, et l'on ne saurait appeler école de décadence celle qui a produit Ingres, Horace Vernet, Paul Delaoche, Eugène Delacroix, Schnetz, Ary Scheffer, Léon Coigniet, Flandrin, Gudin, Biard, Decamps, Dubuffe et tant d'autres.... Cependant, il faut bien le confesser, nous vivons aujourd'hui sur notre passé plutôt que sur notre présent. Aussi est-il juste de s'inquiéter de l'avenir. MM. Ingres et Vernet sont aujourd'hui les patriarches de l'école, et l'ardeur de leur verte vieillesse dissimule en eux l'irréparable outrage des ans. Chaque année, la mort moissonne quelques-unes de nos gloires; et, en face de cette génération qui s'éteint, nous sommes bien en droit de nous demander s'il surgit une génération nouvelle !

L'on a recherché les causes d'infériorité de l'art moderne, et l'on a cru les trouver dans la division de la propriété, dans ce que l'on appelle la transformation du sentiment religieux et dans l'insuffisance du programme de nos écoles. De ces causes, je conteste formellement la première. Non, ce n'est point l'argent qui manque à l'art en France, non plus qu'aux lettres. Jamais la toile ne se paya plus cher; et l'Etat et les villes rémunèrent aujourd'hui l'art, comme les Médicis ne le firent jamais.

L'on sait assez que ce qui perd, chaque jour, notre littérature : c'est bien plutôt le veau d'or. Et l'on s'étonne que l'art manque d'inspiration ? Le sens moral, que l'on voudrait substituer à la religion, peut diriger l'homme dans une certaine mesure; mais l'inspirer, jamais. Vous ne pouvez pas transporter sur la toile une foi que votre imagination même ne possède plus; et sans elle pas d'idéal, et partant plus de beauté.

Or, ce n'est pas seulement la foi religieuse qui fait défaut; mais c'est encore toute espèce de foi. La poésie s'en va : voilà le mal, et nous ne *faisons plus que de la prose, sans le savoir*. Hé bien ! la poésie, c'est la fraîcheur de l'imagination; c'est la fine fleur de l'âme; c'est la naïveté du cœur; c'est, en un mot, l'amour de l'idéal et le culte du beau dans sa divine essence !

Au reste, le mal n'est pas d'hier, et il n'est pas

particulier à la peinture. Il est venu de la littérature, et il s'étend tous les jours. Il y a plus, et je dirai à la gloire de nos peintres, la peinture est encore de tous les arts celui qui s'est le moins matérialisé. Ce privilége est du reste facile à comprendre, avec l'inaltérable pureté des grands modèles, et surtout avec le goût sain et pur de ceux qui rémunèrent les arts. Le prestige de l'antiquité lui a survécu, et ce prestige frappe toujours si impérieusement les sens, qu'il est encore impossible de s'y soustraire.

Si notre société ne vit que trop d'aliments ou empoisonnés ou indigestes, si par frivolité ou par indifférence, elle reste étrangère aux belles œuvres des temps anciens; il n'en est pas de même dans le domaine des arts : elle est bien forcée de s'incliner devant la beauté antique, et de la contempler dans les œuvres classiques que l'antiquité nous a léguées, puisque ces œuvres règnent toujours sans partage.

IX

En résumé, si l'on jette un coup-d'œil synthétique sur l'exposition des beaux-arts, et si on l'embrasse dans son ensemble, l'on y distingue aisément quatre écoles bien différentes : l'école anglaise, l'école flamande, allemande et française; car, si le Danemarck, la Suède et la Norwège ont exposé quelques œuvres originales, cependant les académies de Copenhague, de Christiana, de Stockolm ne possèdent pas encore assez de peintres, et n'ont pas produit assez d'œuvres capitales, pour que l'on puisse dire qu'elles aient fondé une école.

Or, des quatre écoles dignes de ce nom, l'école flamande, quoique plus spécialement continuée par les peintres belges et hollandais, manque cependant de caractère particulier. Quant à l'école des Cornelius, des Owerbeck, des Kaulback.... l'on peut l'admirer dans la grandeur et dans l'audace de ses conceptions; mais il est permis de douter qu'elle descende jamais dans le monde réel et vivant de l'art, hors duquel il y a des penseurs sublimes et de grands dessinateurs même; mais non de véritables peintres.

L'Angleterre a incontestablement une école, et la plus *sui generis* du salon; mais elle ne dépasse pas le genre tempéré, et ne s'élève pas au-dessus de la haute comédie :

6

elle ne touche ni aux sujets religieux, ni aux tableaux historiques, et elle n'atteint jamais le sublime, cessant lequel, il n'y a pourtant pas d'école complète.

La première école est donc toujours l'école française : cette école ressuscitée par David, empruntée à Raphaël, comme ce dernier l'avait reçue de la Grèce, aujourd'hui personnifiée dans M. Ingres et élevée par lui à sa plus haute puissance ; en un mot, l'école *classique,* la seule qui règne sérieusement et généralement en Europe, à Paris comme à Milan, à Vienne comme à Bruxelles, à la Haye comme à Berlin ; l'école des Ingres, des Vernet, des Paul de la Roche, des Ary Scheffer, des Schnetz.... comme elle fut celle des Guérin, des Gros, des Gérard, des Girodet....

A côté de l'école de Florence et de Rome, l'on rencontre, il est vrai, quelques essais de résurrection de l'école vénitienne, représentée surtout par MM. Eugène Delacroix et Decamps ; mais il faut le reconnaître, ce genre n'a pas d'écho en Europe, et il est loin d'être en progrès : c'est un fait que l'exposition dernière a surabondamment prouvé !

L'Allemagne a voulu placer le génie des beaux-arts dans les régions éthérées de la pensée pure ; l'Angleterre dans le plain-pied et dans le terre-à-terre de la vie réelle ; l'école vénitienne de M. Delacroix dans les fantaisies et les caprices d'une imagination abandonnée à elle-même, sans mesure et sans frein. Or, l'art ne se trouve ni dans la pensée seule, ni dans la fantaisie, ni dans le réalisme; mais seulement dans l'idéal du beau, conçu il est vrai par la pensée, mais animé par l'imagination et réalisé par le goût. La couleur est sans doute une condition matérielle et plastique de l'art, nécessaire pour les sens ; mais elle n'est pas tout l'art et son but à elle seule. Il faut encore que la peinture élève l'âme ou charme l'esprit; or, elle n'a sur nous ce doux et souverain empire, que par l'heureuse harmonie du dessin et de la couleur, que par la suave pureté de la ligne, comme par la netteté des formes et des contours; en un mot, par cette perfection grecque et italienne qui fait le charme des Raphaël et des Léonard de Vinci, et qui reproduit l'idéal, autant qu'il est possible de le fixer sur la toile.

Si l'on appelle ces deux écoles, l'une l'école du dessin et l'autre l'école de la couleur; c'est que le trait semble avoir avec la pensée un rapport plus direct et plus intime que la couleur, laquelle parle plutôt aux yeux qu'à l'âme elle-même; mais ces deux écoles sont, pour les appeler par leur nom, l'école réaliste et l'école idéaliste, reproduisant dans la peinture la division qui sépare le monde de la pensée et de la morale, comme la république des lettres elle-même.

A l'école réaliste appartiennent les Titien, les Rubens, les Véronèse... et tous ces grands coloristes de l'école vénitienne qui, sans dédaigner le dessin, se préoccupèrent cependant plus des yeux que de l'âme, recherchèrent avant tout le *voyant* dans les choses, et s'efforcèrent d'éblouir par la splendeur flamboyante du coloris :

toutefois ce culte de la couleur ne fut jamais, chez ces grands maîtres, exclusif du dessin. Nul peintre au monde n'eut peut-être une imagination plus riche, plus variée, plus facile que Rubens; et cependant sa luxuriante fécondité se concilia toujours avec les règles du goût; c'est qu'il n'est pas plus possible de peindre sans dessin, que d'écrire sans grammaire, que de gouverner sans principes, et que de vivre sans morale. Or, peut-on dire que l'école réaliste moderne continue même les traditions des Rubens et des Titien ?

Le nom dont s'autorise, de nos jours, l'école de la couleur, l'autorité magique qu'elle invoque : c'est celle de Géricault. Mais, si le peintre rouennais appartient à cette école, et s'il fut incontestablement un grand et puissant génie; il ne faut pas perdre de vue que ce fut un génie hâtif et éphémère, moissonné avant l'âge de la maturité et dans la première fleur du talent; ne relevant encore que de lui-même, et confessant qu'il ne faisait que d'entrer dans la carrière. C'est même, avec la conscience de l'insuffisance de son éducation première, qu'il demandait des enseignements précieux à l'anatomie, à la nature, aux voyages, à l'Italie, à ses grands maîtres et à ses œuvres magistrales, lorsqu'une mort prématurée ravit aux beaux-arts et aux espérances de la France, ce talent extraordinaire et fougueux qui venait à peine d'éclore, et qui méritait de meilleurs jours. Or, quelles transformations n'eût pas subies, avant de s'élever à son apogée et de trouver sa forme dernière, ce génie ardent, laborieux et modeste; si, au lieu de ne jeter que des éclairs passagers sur sa route, il lui eût été donné de poursuivre et de fournir dans tout son développement, la carrière d'un Michel-Ange?

Notre véritable école, et la seule soutenant sérieusement l'honneur de la France dans les arts, c'est donc toujours l'école des David, des Guérin, des Gros, des Gérard, des Léopold-Robert et des Ingres; ou, pour l'appeler par son nom, c'est l'école idéaliste ou *classique*. L'imagination pourra toujours inventer, l'esprit concevoir de nouvelles pensées, le génie embrasser de nouvelles formes; mais il faudra qu'il travaille sur ce thème, toujours ancien et toujours nouveau, que nous a légué la Grèce, que reproduisit si heureusement et que perfectionna peut-être l'Italie; que la France reprit sous la Renaissance et au grand siècle; qu'elle a su retrouver, au commencement de celui-ci, et qui seul a pu régénérer l'art en France, depuis David et ses continuateurs!

FIN.

www.ingramcontent.com/pod-product-compliance
Lightning Source LLC
LaVergne TN
LVHW020436230826
846091LV00004B/1511

* 9 7 8 2 0 1 3 6 7 6 6 5 6 *